校長の
実務マニュアル
フジキ先生の

藤木美智代 著

明治図書

まえがき

　退職まで３年というところで，どうにかギリギリ校長に就任することができた"フジキ"です。夢がやっとかないました。

　私は，５年間教頭をしていて，教頭３年目には校長選考で合格をいただいていましたから，２年間の待ち時間がありました。人事は人事ですから，腐らず，いじけず，うらやましがらず……，待ちました。その２年間，私は校長になれることを信じて，校長になるための準備をしてきました。

　校長になったらやりたいことは？　私が校長だったらどうするかな？……と。

・どんな学校にしたいか

・どんな子供たちに育てたいか

・どんなふうに保護者や地域の方と関わり合いたいか

　校長対象のセミナーに教頭だけれど参加させてもらったこともあります。

　学校運営に関する校長向けの書籍も読みあさりました。

　元校長先生であった大先輩からの教えも乞いました。

　そんな私でしたから，校長に就任したら，あれもこれもとやりたいことがあふれてきました。「あんまりすぐに何でも変えたらだめだよ」「着任したら１年間は様子をみるといいよ」とアドバイスをしてくれる方もいました。でも，私に与えられた時間は３年。毎日毎日が愛おしい時間。できるだけ先生方と話し合って，できるだけ子供たちとふれあって，できるだけ家庭や地域と関わって，校長という職務を全うしたいと思うのです。

　校長就任半年で，このような本を書かせていただけたのはとてもうれしいことです。この本が，これから校長になる方に元気と勇気を贈れたらいいなと思います。校長就任はゴールではなく新しい職務のスタート。大変なこともありますが，楽しいことはもっとたくさんあります。校長になる前に，いろいろと思索しておけば，充実した校長ライフを送ることができるでしょう。この本が，これからの教育を担う校長先生方のお役に立てたら幸いです。

目次

まえがき

1章　校長としての心構え

01　校長は児童，教職員を「宝」と思う　　　　　　…10

02　校長は学校を「一家」と考える　　　　　　…12

03　校長はビジョンを語る　　　　　　…14

04　校長は例えれば鵜飼いである　　　　　　…16

05　校長は人材育成に邁進する　　　　　　…18

06　校長はマネージャーである　　　　　　…20

07　校長は常に判断する　　　　　　…22

08　校長はときに難破船の船長となる　　　　　　…24

09　校長は保護者対応の最後の砦となる　　　　　　…26

10　校長は子供の未来を考える　　　　　　…28

11　校長は自分の花を咲かせない　　　　　　…30

12　校長は常に学び続ける　　　　　　…32

13　校長はいつも笑顔で健康で　　　　　　…34

2章　校長の12か月の仕事

01　校長の職務　　　　　　　　　　　　　　　　　　…38

02　校長の日々の仕事　　　　　　　　　　　　　　　…40

03　4月　はじめよければすべてよし　　　　　　　　…42

04　5月　周囲にしっかり目を向ける　　　　　　　　…46

05　6月　気を抜かずに職員や児童を見守る　　　　　…50

06　7月　浮足立たないように　　　　　　　　　　　…52

07　8月　リフレッシュを大切に　　　　　　　　　　…54

08　9月・10月　気持ちを新たに　　　　　　　　　…56

09　11月・12月　次年度の見通しまで考えて　　　　…58

10　1月・2月　何事も先手必勝　　　　　　　　　　…60

11　3月　人事も妥協せず　　　　　　　　　　　　　…62

3章　組織マネジメント

01　学校経営の理念を共有する　　　　　　　　　　　…66

02　居心地のよい職場をつくる　　　　　　　　　　　…68

03　人間関係を正す　　　　　　　　　　　　　　　　…70

04　教頭を育てる　　　　　　　　　　　　　　　　　…72

05　研修を推進する　　　　　　　　　　　　　　　　…74

06　授業力を高める　　　　　　　　　　　　　　　　…76

07　業務を改善する　　　　　　　　　　　　　　　　…78

08　学級崩壊を予防する　　　　　　　　　　　　　　…80

09　不祥事を根絶する　　　　　　　　　　　　　　　…82

10　各々の生き方を支援する　　　　　　　　　　　　…84

4章　子供との関係づくり

01　子供向けに「校長だより」を書く　　　…88
02　全校朝会で道徳の授業を行う　　　…90
03　一人ひとりと会話をする　　　…92
04　休み時間に校庭に出る　　　…94
05　合理的配慮を施す　　　…96
06　マイノリティの味方になる　　　…98
07　ときには授業をする　　　…100
08　日本の伝統文化に触れさせる　　　…102
09　言葉を正す　　　…104
10　活躍をほめる，応援する　　　…106

5章　保護者・地域との関係づくり

01　情報を配信する　　　…110
02　PTA との連携を深める　　　…112
03　学校の応援団に感謝する　　　…114
04　地域の行事に参加する　　　…116
05　スクールガードさんと仲良くなる　　　…118
06　地域住民からのクレームに対応する　　　…120

6章　学校だより・職員室だより・校長だより

01　学校だより　　　　　　　　　　　　　　　　　　　…124

02　職員室だより　　　　　　　　　　　　　　　　　　…138

03　校長だより　　　　　　　　　　　　　　　　　　　…148

1章

校長としての心構え

01 校長は児童，教職員を「宝」と思う

日本の古典を紐解くと，現代にも通じるリーダー論に出会うことができます。
私は「古事記」に記された日本国の在り方を知ったとき，校長にもこの考え方が大事だと直感しました。

「シラス学校」を目指して

　古事記の中で，日本は「シラス（知らす）国」であり，「ウシハク（主人履く）」はよくないとされています。「シラス」とは，国を治めるものが身分の差なく民と一体化しよう，自分を愛するように民を大切にしようという教えです。反対に「ウシハク」とは，国を治めるものは民を所有し，自分のために利用するという考え方です。天皇は国民を「大御宝」と表現し，大事にしてきたのです。「シラス」とは，神話の時代から受け継がれてきた世界に誇れる日本のリーダー論なのです。

　出雲地方を治めていた大国主神が，国をウシハク統治していたのですが，天照大御神を筆頭に高天原の八百万の神々がこれを否定します。神々は会議を開き，天照大御神の使いが，大国主神に「天照大御神，高木の神の命もちて問ひに使はせり。汝がうしはける葦原中つ国は，我が御子の知らす国と言依さしたまひき。かれ汝が心はいかに」と言って国譲りを迫りました。

参考：「国譲り神話」

校長もこの日本のよきリーダーを目指し，「シラス学校」をつくっていくことが大事なのではないかと思います。教職員や児童，保護者を「大御宝」として大切に思い，立場や肩書で優劣をつけることなく，みんなが幸せになるような学校を築きたいと思いませんか。

サーバントリーダーシップを発揮する

　「サーバント」とは，使用人，召使いという意味です。

　「サーバントリーダー」とは組織に奉仕するリーダーということになります。組織の頂点に立つのではなく根底でみんなを支えるというイメージです。

　今の時代に「長」となる立場の者が，その職権を振りかざして部下を従わせるという従来型のリーダーシップは受け入れられません。下手をすれば，パワハラ問題に発展してしまいます。

　「大御宝」のように大事に思う児童や教職員のために，校長が自ら奉仕の精神でフットワーク軽く動きましょう。「縁の下の力持ち」というスタンスでリーダーシップを発揮していると，やがて組織は活性化されるはずです。

　校長だからといってえらそうに，何でも自分の思い通りにしようとしていては，みんながついてこないと思われます。腰を低くして，相手を尊重する気持ちを打ち出していく。これが現代のリーダーに必要な資質なのではないでしょうか。

　そういうわけで，校長という肩書ゆえにしていただくことに甘んじないようにしたいと思っています。

　例えば，事務職員さんがお茶を入れてくださるのですが，湯呑みは自分で洗います。用務員さんの手が回らないときには，正門や職員玄関の掃除などを行います。お花の手入れをしていたら，「校長先生はどちらにいらっしゃいますか？」と来客に問われ，「すいません，私です」と答えることもありました（笑）。それくらいでいいと思うのです。

02 校長は学校を「一家」と考える

学校は子供たちが守られ，居心地よく生活できる場でなければなりません。
安全で安心できる場であるために，どうやって学校を守り，子供を育てるか。歴史が教えてくれました。

「八紘一宇」にあやかって

　日本初代天皇である神武天皇ご即位の言葉「八紘一宇」をご存じでしょうか。それは「天下を一家と考え，自分が正しいことを行って，その心を広げて，この国を守りたい。強い者が弱い者を搾取するのが国家ではない。強い者が弱い者を助ける。これが一家であり，国家である」というもの。

　これは，まさに学校経営にもいえることです。私は「天下」を「学校」に置き換え，「学校を一家と考え，自分が正しいことを行って，その心を広げ，お互いに助け合うことで，我が校を守りたい」と思うのです。

　子供たちに次のように話したことがあります。「1年生を迎える会」の最後，校長の話です。

　「これから1年生から6年生まで，27人は兄弟姉妹だと思って過ごしていきましょう。学校は大きな家族です。先生たちは，お父さん，お母さんの役目。子供たちが1人残らず幸せに生活できることを願っています。今日は，○○小学校のみんなの気持ちが1つになった素敵な会でした。さあ，次は運動会に向けてがんばりましょう！」

兄弟学級交流

　学校は家族。子供たちはみな兄弟姉妹。ということで，本校では，１年生と６年生，２年生と４年生，３年生と５年生を兄弟学級として異学年交流を推進しています。上学年が下学年の面倒をみたり，困っていたら手助けしたり，お手本となる行動をしたりすることを日常的に行います。

①清掃活動

②仲良しタイム

　担任の先生が，お父さん，お母さんであるならば，校長は，さしずめおじいさん，おばあさんという立場になるでしょうか。校長は，あたふたせずに，孫を見守るように，息子や娘の子育てを見守るように，ゆったりと微笑んでいたいものです。

註釈：八紘一宇は第二次世界大戦中に戦争遂行のスローガンとして用いられたこともあるが，本来，「日本書紀　巻第三」に由来する言葉。「八紘」は「天の下」つまり「世界」を，「一宇」は「一家」のことを指し示すものである。

03 校長はビジョンを語る

それぞれの教職員がそれぞれの強みを生かしながらも，目指すところが同じという学校運営が大事です。
まずは，校長が思いをしっかりもち，教職員に熱く語りましょう。

学校経営方針をグランドデザインにして

　校長は学校経営方針が一目でわかるように，できればグランドデザインを作成し，教職員にその年度のビジョンを語ります。

　私が特に強調したのが，【児童につけたい力】です。

・低学年：自分のことが自分でできる・友達と仲良くできる

・中学年：学級のことが自分たちでできる・友達のよさを認め協力できる

・高学年：学校全体のことを考えて行動できる・自分のよさを生かし貢献できる

　これは，私が大事にしたい「自己肯定感」「人間関係形成能力」「自治的活動」を系統的に位置づけたものです。このことで，教師主導から児童主体の力をつけ，「自立」「協力」「貢献」ができるようになることを目指します。

　さらには2021年1月の中央教育審議会の答申で「令和の日本型学校教育」として打ち出された「個別最適な学び」「協働的な学び」に結びつけ，

・自分の思いを実現できる児童

・力を合わせ，主体的に行動できる児童

この2つの児童の姿を目指していくことを表明しました。

船橋市立大穴小学校　学校経営方針　グランドデザイン　　　令和４年度

1　基本方針

　児童が日本人としての誇りをもち，自分や仲間との関わりを大切にしながら，自己実現に向けて生きていく力を育む。そのために必要な「確かな学力」「豊かな心」「健やかな体」の育成に向けて教育課程を編成し，家庭，地域と手をとり合いながら，安全で安心できる学校の中で，教職員が組織的に一体となって質の高い教育を行う。

2　教育目標

学習指導要領
・主体的・対話的で深い学びの実現
・カリキュラムマネジメントの充実・児童の発達の支援
・家庭や地域との連携・協働

教育基本法
・伝統と文化を尊重する
・我が国や郷土を愛する

【学校教育目標】
日本人としての誇りをもって
　　　　新しい時代にはばたく　心豊かな児童の育成

船橋市教育大綱
〈船橋の教育目標２０２０〉
生涯学び活躍できる環境を整え，生涯学習社会を実現する
自立して，主体的に社会に関わることができる子供を育成する
→８つの基本方針

千葉県教育指導の指針
「生きる力」の育成
・人生を開く「確かな学力」
・思いやりのある「豊かな心」
・活力にあふれる「健やかな体」
・発達段階に応じたキャリア教育
・地域と共に歩む学校づくり

【目指す児童像】

よく考え すすんで学ぶ子	思いやりをもって 人と関わる子	体をきたえ がんばる子

【児童につけたい力】

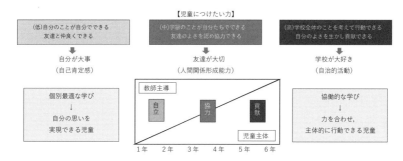

(低)自分のことが自分でできる 友達と仲良くできる	(中)学級のことが自分たちでできる 友達のよさを認め協力できる	(高)学校全体のことを考えて行動できる 自分のよさを生かし貢献できる
自分が大事 （自己肯定感）	友達が大切 （人間関係形成能力）	学校が大好き （自治的活動）
個別最適な学び ↓ 自分の思いを 実現できる児童	教師主導　自立　協力　貢献　児童主体 1年 2年 3年 4年 5年 6年	協働的な学び ↓ 力を合わせ， 主体的に行動できる児童

【経営の重点】

「確かな学力」を育てる	「豊かな心」を育む	「健やかな体」をつくる
・個に応じた指導の工夫 ・基礎・基本の定着 ・言語活動，話し合い活動の充実 ・英語や総合的な学習の時間の充実	・特別活動の充実 ・読書指導の充実 ・道徳教育，人権教育の推進 ・いじめ防止に向けた体制づくり	・基本的生活習慣の確立 ・運動に親しむ習慣の確立 ・体育学習の充実 ・健康，安全，食育教育の充実
特別支援教育を推進する ・校内委員会の充実 ・個別の指導計画の活用 ・通常学級との連携，交流の推進 ・ユニバーサルデザインの導入	危機管理体制を確立する ・感染症予防の徹底 ・登下校時の安全確保 ・自然災害への備えの充実 ・教職員の不祥事の根絶	地域と共に歩む学校づくり ・教育活動の公開，情報発信 ・学校評価の実施と活用 ・地域人材の活用，地域行事への参加 ・家庭教育力の向上

【目指す教師像】

研修の充実 研修＝「研究」と「修養」 ・学級経営力 ・ICT機器活用能力 ・SDGSに関する理解と実践 ・豊かな読書生活	〈児童の模範となる教師〉 「時を守り（秩序），場を浄め（清掃），礼を正す（礼儀）」 「学び続ける・学び合う・学びを広げる」 「健康に留意し，家族を大切にする」 「仲間と協働し，笑顔を絶やさない」	ライフプランニング ・自分の強みを生かす ・専門分野を探求する ・教員人生の見通しをもつ ・私的生活を充実させる

04 校長は例えれば鵜飼いである

校長と教職員は見えない糸でつながっているというイメージです。
それは、「信頼」という名の糸であり、ときには「抑止力」という名にもなる絆なのです。

鵜飼いとは

　鵜という鳥を使って鮎を捕獲する漁師を「鵜飼い」といいます。10羽ほどの鵜の首に縄をつけ、小舟に乗った鵜飼いが鵜を川に放ちます。鵜は飲み込んだ鮎を食道にためているので、それを吐き出させることで鮎を捕獲するのです。

　鵜はそれぞれの個性があり、その個性を見極めた鵜飼いがそれぞれの鵜に合った方法で鮎を捕獲させます。縄の長さ、捕獲に要する時間、その日の天候や気分など、鵜飼いはそれぞれの鵜と声にならない会話をしながら漁を行っています。

　せっかく飲み込んだ鮎を吐き出させるなんて、鵜がかわいそうと思う方もおられますが、鵜飼いは常に、鵜のことを大切に思って行動しています。「鵜飼いにとって鵜の存在とは何か」と聞くと、鵜飼いたちは「家族」「兄弟」「子ども」「孫」「相棒」などと答えます。仕事が終わると縄を解き、

一羽一羽に声をかけ労るそうです。

　そんなふうに共に生活し，一所懸命に漁をする毎日を積み重ねていく中で，鵜飼いと鵜との間には深い絆が生まれているようです。

それぞれに合った方法で

　校長は，教職員の個性を見極め，それぞれの教職員に合った働き方ができるようにします。広く動き回りたい教職員，時間をかけてじっくり働きたい教職員，天気の悪い日は仕事に気が乗らない教職員，家庭で嫌なことがあった教職員，それぞれの教職員の個性や様子を見ながら，職場を泳がせるというイメージです。

　縄は余裕のある長さですから，ある程度の自由さが認められます。その日の仕事の早い遅い，出来不出来によって目くじらを立てないようにします。翌日はがんばるかもしれないし，思うことがあってそのうち挽回するかもしれないのです。働きを長い目で見守ることが大切です。

　ただし，縄は決して手放してはいけません。教職員は縄によって守られているのです。いつでも校長とつながっている，自分は頼りにされているという安心感が必要です。

　また，管理という点でもこの縄は必要になります。教職員の行き過ぎた行動や不祥事につながりそうな行動が見られたら，縄を引き寄せなければなりません。それ以上はダメだと判断したら，ことを起こす前に縄を引き寄せることも校長の重大な仕事です。

　校長と教職員をつなぐ縄は，束縛ではなく「信頼」。そしてときには，事件事故の未然防止になる「抑止力」となるのです。

05 校長は人材育成に邁進する

人を動かすには。人を育てるには。人を実らせるには。
その答えは100年前から変わりません。
学校経営も学級経営も同じ。
人材育成は，この名言に尽きます。

山本五十六の言葉をモットーに

やって見せ言って聞かせてさせてみて　ほめてやらねば　人は動かじ
話し合い　耳を傾け承認し　任せてやらねば　人は育たず
やっている姿を感謝で見守って　信頼せねば　人は実らず

元帥海軍大将　山本五十六

　この言葉は，山本五十六が軍人として多くの部下を統率する際，口にした名言で有名でしょう。一節目は有名ですが，二節，三節はあまり知られていないようです。約100年も前に口にされた言葉であるのに，現代においても人材育成の指標となる「言い得て妙」なる言葉です。

　私は，学級経営をする際に，いつもこの名言を念頭に置いてやってきました。学校経営は学級経営と何も変わりありません。子供を育てるのも，教職員の人材育成も基本は同じ。山本五十六のこの言葉に尽きると思います。

やって見せ言って聞かせてさせてみて ほめてやらねば 人は動かじ

　教職員にこういう姿になってほしいという姿を，背中で教えていきたいものです。挨拶，言葉づかい，姿勢，服装，表情，整理整頓など，校長自らが正し，よき模範となりましょう。口ばっかりの校長にはならないように。

　時間のある限り，校内を巡り，ちょっとしたことでも素敵なところを見つけたら，その場でほめるということを常とします。見てもらっているということが励みになることでしょう。

話し合い　耳を傾け承認し　任せてやらねば　人は育たず

　何かを始めるとき，変えるときには，教頭，教務主任，ときには学年主任に相談します。職員会議の前に行う運営委員会に提案することもあります。疑問や新しい意見を出してもらい，それらを起用します。何でも上からの押しつけというのが，教職員の一番嫌いなことなのです。

　それぞれの分掌からの提案には，本筋が間違っていない限りあまり口出しせずに任せます。自信や自己有用感をもたせることが人材育成には一番です。

やっている姿を感謝で見守って　信頼せねば　人は実らず

　仕事だから，分掌だから，当たり前と思わずに，その働きには労いの言葉を忘れないようにします。栄養ドリンク1本でも，スイーツ1つでも感謝の気持ちは伝わります。学校は校長1人では何も運営できないのです。それぞれの働きに感謝の意を表しましょう。

　そうやって信頼関係を育むことは，働きがいを感じ，職場のために動き，自身の教職員人生を豊かにすることにつながっていくのだと思います。教職員として立派に成長させること，これが校長の使命なのです。

06 校長はマネージャーである

プレーヤーだった教諭のときには，フットワーク軽く，自主的に動いていたという校長も多いことでしょう。
校長はプレーヤーでなく，マネージャーだという切り替えが必要です。

プレーヤーではないと自覚する

運動会や卒業式の前日準備など，教職員が総出で取り組むことがあります。校長は，それぞれの持ち場で，やるべきことが整然となされているかを俯瞰する立場です。うまくいっていないところや人手不足なところを見つけると手伝いたくなりますが，それは違うのです。もし校長が，その一点に集中してしまったら，どうでしょう。他でも同じようなことが起きているかもしれません。怪我や事故が起きて，校長を捜している教職員がいるかもしれません。

校長は，常に全体を見ると同時に，全体から見えるところに位置していなければいけません。報告，連絡，相談をいつでも受けられる体制でいること。忙しくても暇そうにしていると情報が入りやすいと思います。うまくいっていないところ，人手不足のところがあったらそこに人を動かす，采配を振るのが仕事です。校長室にいないときは，教頭や事務室に居場所を告げてでかけます。何かあったら携帯電話で知らせてほしいと言ってでかける必要があります。校長室にいては全体が俯瞰できませんから，できるだけで歩いて，全体を把握すること。これがマネージャーに大切なことだと思います。

私は，担任から管理職になる決心がなかなかできませんでした。そんなとき，Facebook でつながっている校長先生から，「管理職を目指すのならプレーヤーからマネージャーになる覚悟が必要だ」と教えていただきました。そして管理職になったら，その任務に徹しようと思いました。

　管理職の中には「担任はいいなあ。担任に戻りたい」と口にする方がいますが，それは禁句です。自分でやると決めて，自分で選んで，管理職になったのです。スポーツ選手が監督になって，後輩を育てるようなものですね。どんなにプレーしたくても，監督になったら選手としてマウンドやコートには立たないと決心しなくてはなりません。

■ 采配を振らなくても

　采配を振るのが校長の役目と前述しました。

　采配とは，大将が軍勢の指揮をとるときの持ち物です。

　柄の先に裂いた白紙などを束ねてとりつけたもので，大将がそれを振り動かして合図したことから，「采配を振る」という言い方が生まれ，陣頭に立って指揮をするという意味になったそうです。

　校長が采配を振ったときに，「あの校長の言うことだからやってやろう」と思われているかどうか，自問自答する必要があります。やはり普段からの人間関係の構築がものをいいます。普段から教職員を大切に思い，労い，相談にのり，信頼されてこその采配なのです。

　しかし，理想としては「采配を振る必要なし」という教職員集団を形成したいと思います。校長が気づかなくても校長の意を汲み，教職員同士でどうしたらうまくいくかを話し合い，人手が足りなかったら，たとえ自分の仕事でなくとも自主的に動いている。その体制を築くのが校長の役目なのです。

07 校長は常に判断する

教頭には教頭室がないのに，校長には校長室があります。
それはなぜでしょう。
教頭と校長の違いにヒントがあります。
校長は1人静かに熟考する時間と場所が必要だからなのです。

だから校長室がある

　教頭のときには，校長が後ろに控えていて，最終的に責任をとってくれるという思いがあります。校長になると，もう誰もいません。自分が最終判断を下す最高責任者です。

　判断には，時間をかけて熟考しなくてはならない案件があります。教育委員会や近隣の校長に相談の電話をすることもありますが，最終的には自分の判断で学校が動きます。

　自分の信念や学校教育方針に基づいて，一番に「子供のために」を念頭に置いてブレない判断をするために，校長には校長室が用意されているのです。

　判断に迷うとき，私は「世の人は　我を何とも言わば言え　我が成すことは　我のみぞ知る」という坂本龍馬の言葉を思い出します。いろいろな考え方がある中で，多くの人がそう言うから，みんながそうしているからという判断基準をいったん脇に置いて，「なぜか，本当か，正しいか」と自らに問います。これは国語教育の大家，野口芳宏先生がよく口にされる言葉です。

ブレない判断基準は法規

　学校経営のほとんどは法規によって説明がつきます。この法規に則って判断できるよう，校長は法規をきちんと押さえていなければなりません。法規に則っていれば，万が一，訴訟になっても負けることはありません。「パワハラ」と言われないよう厳しい指導監督ができない管理職もいるようですが，法に則っていれば恐れることはない，正しい判断なのです。

　Facebookに次のような投稿がありましたので紹介します。

　教員が教頭に「週案を毎週出す法的根拠があるんですか？　私は学級だよりで毎週の予定を出しているから，週案は出さなくてもいいでしょう」と食ってかかった。週案を出さないので教頭に指導されていたのだ。教頭はうまく言葉が返せなかった。週案を出すのは当たり前なのに……。

　教頭も管理職なので法的根拠を示せなくてはなりません。教頭が示せないならば，校長の出番でしょう。そこで私は，次のようにコメントしました。

　法的根拠はきちんとありますよ。学校教育法第33条には教育課程について，学校教育法施行規則第50条から第56条にかけてには学習指導要領の規定，授業時数，特例について明記されています。

　そして，学校教育法第37条において「校長は職員を監督する」とあり，校長は日々の授業が規定に沿って行われているか把握しなければなりません。それを週案で示すように職員に命令として課しているのでしょう。

　職員は，地方公務員法第32条において，法令及び上司の職務上の命令に従う義務があるとされていますから，校長が週案を出すことを課しているのに出さなかったら法的義務違反となるのです。

　そして，その記録は何かあったときには，職員を守ることにもなります。事故や事件の際は，週案の提出が求められます。いいかげんな授業計画や未履修があれば，極端な話，校長も監督義務違反となります。

---

08 校長はときに難破船の船長となる

危機管理。
これが校長にとって一番の大仕事だと思います。
瞬時の判断力が問われます。
学校を守るという責任感を常にもち，いつでも適切に対応できる校長でいたいものです。

東日本大震災の日

　旧船員法では「船長は船舶に急迫した危険があるとき，人命，船舶および積荷の救助に必要な手段をつくし，かつ，旅客，海員，その他船内にあるものを去らせた後でなければ，自己の指揮する船舶を去ってはならない」とあります（改正船員法では，やむをえない場合には自己の指揮する船舶を去ることを可能とするという規定になったようですが）。船長には，船が沈没するとわかったら，乗客，船員らすべてを船から降ろし避難させ，自分は最後に避難するという責任感が必要なのです。

　校長もまた然り。全員の命を守ることを最優先しなければなりません。

　東日本大震災の日，児童，教職員すべてを校庭に避難させた後，勤務校の校長は１人，何度も余震で揺れる校舎に踏みとどまりました。テレビなどで情報を得たり，今後の動きを思案したりしていたのでしょう。みんなの「校長先生も避難してください！」という声を聞き入れず，ときどき窓から顔をのぞかせ，様子を見ながら，放送で我々に指示命令を出していたことを思い出します。児童を保護者に引き渡し，迎えのない子を先生引率のもと集団下校させるという判断でした。

その後，学校が避難所になることもあるからということで，教職員に支援の依頼がありました。学校に残り避難所開設となったときに協力してほしいということです。私は，沈没こそしないけれど余震の続く学校で，校長の陣頭指揮のもと多くの先生方と共に一夜を過ごしました。

　食料を確保するため，早いうちに夕飯の買い出しを命じたのは校長でした。翌朝の朝ごはんは，おむすびとお味噌汁をPTAの方が差し入れてくれましたが，それも校長のはからいでした。店には食べ物などもう何も売っていないことを見通していたのです。校長は，翌日（土曜）も翌々日（日曜）も学校に残留したと聞いています。この強靭な校長，実は女性です。

「校長先生は一番えらいの？　どんなお仕事してるの？」

と低学年の子供たちに聞かれることがあります。
　そういうときは，
　「えらいというより，一番難しいお仕事をしているんだよ。困ったことが起きたら，どうしたら一番いいのか考えて，答えを出すっていうお仕事なの。子供たちを守るために働いているんだよ」
と答えます。
　「大変なのね」
　「でもね，困ったことが起きなければ，一番楽しいお仕事かな。学校中の子供たちが何しているかなって見ているの。どうしたら子供たちが幸せになるかなって考えながら，先生たちやおうちの方たちといろいろ話し合うんだよ」
　「ふうん。がんばってね」

　船長も然り。穏やかな日の航海は，のんびり景色を見ながら，無事に寄港することを祈っているのでしょう。

09 校長は保護者対応の最後の砦となる

保護者からの苦情やご意見は，まずは一番理解のある担任が
受けるのがよいでしょう。
それまでの経緯も子供の様子も知らずに校長がでしゃばると
痛い目にあうことがあります。

「校長を出せ！」と言われても

　保護者対応はまず担任が受け，うまくまとまらなければ学年主任，教頭が
引き継ぎます。それでも，どうしてもうまくいかないときに最後の砦となる
のが校長です。もちろん担任からの報告を受け，できる限り助言はしますが，
そうそう校長が表に出ることはありません。たとえ「校長を出せ！」と保護
者が息巻いても，まずは教頭に出てもらうという手段をとるようにします。

　ただし，学校側に明らかに手落ちがある場合には，校長自ら頭を下げる必
要があります。担任の手落ちだとしても，監督責任のある校長が誠意を見せ
るべきでしょう。特に，いじめ対応，怪我やアレルギー対応，特別支援や合
理的配慮などの件については，校長の出番になることが多いと思います。

　私は，首を突っ込んで失敗したことがあります。不登校児童の母親から担
任に電話が入りました。担任の着信を見て折り返しかけてきたのですが，授
業が始まっていましたから，私がかわりに気軽に電話に出てしまいました。
担任はいつものように休む理由や子供の様子を聞こうと電話をかけただけな
のですが，私が「お母さん，心配ではないですか？」という余計な一言を言

ったために，母親を怒らせてしまったのです。「心配ですよ。だからいろいろなところに行って相談もしているし，1人で留守番できるようにしつけています。だいたい校長先生はうちの子のことをどれくらい知っているんですか。名前や顔はわかっていますか？　話もしたことないでしょう？　うちのことを何も知らないのに，上辺だけで話をしないでください」と言われてしまいました。浅はかだったと反省しました。担任との信頼関係がしっかりできているのですから，校長が首を突っ込むことではなかったのです。

教育委員会と連携する

　学年主任，教頭が対応しても納得できず，教育委員会に電話がいくことがよくあります。学年主任や教頭からまだ納得していない様子だと報告があった場合，特に「もういいです。教育委員会に訴えます！」のような終わり方だった場合には，先回りして教育委員会に一報を入れておきます。それまでにどのような経緯があったのかを報告しておくのです。

　教育委員会は，保護者の言い分と学校側の対応を双方から聞いて，しかるべき対処法を考えてくれます。教育委員会と学校が同じ方向を向いていれば，保護者を説得することができます。

　「子供が苦しいと言うのでマスクをさせたくない。そのことで誰からも何も言われないようにしてほしい」という要望があり，学校側としては「マスクはしなくてもいいですが，絶対に誰からも何も言われないようにすることは約束できません。対応策として『マスクができない理由があります』というプレートを首から下げておくというのはどうでしょう」と伝えましたが納得がいかない様子。やはり教育委員会に「学校はマスクをしない子を守ってくれない」という訴えがあったそうです。先回りして経緯や伝えたこと（友達が離れていくのが心配，他の保護者から非難される懸念もあるなど）を教育委員会に話しておいたので，教育委員会も同じ対応策を話してくれました。

10 校長は子供の未来を考える

子供は大切に育てられるべきですが，大切にするあまり過保護になってはいないか立ち止まって考えたいものです。
過保護にすることによって，子供の学びを奪っていることがあるのです。

「転ばぬ先の杖」はいらない

　何でもお膳立てしてしまい，子供の学びのチャンスを奪ってしまうことはありませんか？　丁寧すぎる指示や先回りの指導という「転ばぬ先の杖」を与えてしまうと，転び方も，起き上がり方も学ぶことができません。そんな子が大人になり，社会に出てから何かでつまずいた場合，自分で解決することができないのではないかというのが，私の懸念するところです。

　始業前に校庭で遊んでいる子供たちを見ていたら，雨がパラパラ降ってきました。多くの子供たちが一斉に昇降口に向かってきました。

　Aさん「雨が降っているのに遊んでいたら，先生に怒られるよ」

とタイヤで遊んでいる子を促し，揃って昇降口へやってきました。

　Bくん「校長先生，まだ向こうで遊んでいる人がいます。いいんですか？」

と私に聞いてきました。

　私「自分でまだ大丈夫と思って遊んでいるんでしょう。もっと降ってきたら戻ってくるんじゃないかな」

　すると，

Bくん「え!　じゃあまだ遊んでいてもいいんですか?」

私「自分でいいと思ったら遊んでもいいでしょう」と言うと,Bくんはびっくりしたようでしたが,雨の中を遊びに行きました。

私はこのエピソードを教職員に伝え,Aさんのように行動の基準が「怒られるから」というのでは,自分で考える力はつかない。「これくらいの雨なら遊べる」と自分で判断した結果,ずいぶん濡れてしまったり,風邪をひいてしまったりしたら,次はどのくらいの雨なら大丈夫か自分で考えられるようになるのだ,ということを理解してもらいました。

主体性を育む指導を

体験を通して自分で考え判断する力が,これからを生きていく子供たちには必要です。何でもきまりやルールにして,教師から指示を出して行動を統制することは,教師にとっては都合がよいかもしれませんが,子供たちの学びの多くを奪っていることになるのです。

校長は,日々の授業や行事への取り組みを「子供の主体性を育む指導か?」「大人の見栄やプライドで,子供をよく見せるための指導が行われていないか?」ということを念頭に置いて見ていかなければなりません。

学校は,子供が社会に出てからも,たくましく,しなやかに,そして堂々と自分の人生を生きていく力を育むところなのです。

スクールガードさんにも,次のようなお願いをしています。スクールガードさんは子供たちが交通事故にあわないように横断歩道付近にいます。車が来ると黄色い旗で車を止め,子供たちを安全に渡らせてくれます。しかし,実は私はそれが心配なのです。スクールガードさんがいるときは安全。では,いないときは?　下校のときも放課後遊びに行くときも,車を確実に止めてくれる人はいません。いつも止めてもらっていたら,自分で安全確認をする力がつかないのではと思うのです。ですから,「必ず子供自身に車が来ていないか安全確認させてくださいね」とお願いしています。

校長は自分の花を咲かせない

校長になると，つい目立ちたくなるものです。
でも，学校の主人公は子供たちと教育に奮闘する教職員です。
校長は縁の下の力持ちとなり，見えないところで支える覚悟
が必要です。

透明人間たれ

　校長が職員室に入ったり，授業中に教室に入ったりする際，空気が変わる
ようではだめなのだと，湘南学園長の住田昌治先生はおっしゃいます。職員
室の主人公は先生方。教室の主人公は子供たち。ですから校長がいようがい
まいが整然とそれまでの空気が保たれなければいけないのです。校長の顔色
をうかがいながら教育活動が行われてはならないということです。

　ですから，理想は，校長は透明人間になること。「存在を消すこと」と住
田先生はおっしゃいます。

　校長がいなくても大丈夫。自分たちで考え，判断し，行動する職員集団が
これからの学校には必要なのです。なぜなら，自分で考え，判断し，行動で
きるように子供たちを育てなければならないのですから。

　しかし，学級経営と同じで，ただ任せるだけでは方向性がなく，学校は崩
壊するでしょう。だからこそ，校長が最初に打ち出すビジョンが大切なので
す。ビジョンについてみんなでワークショップを行ったり，それぞれの思う
やり方を考えたりしながら，ビジョンに向かう，これがチームの姿です。

教職員，そして子供たちのために

「秋に実のなる果樹は，春には美しい花を咲かせない」という言葉を森信三先生が残されています。実を大事にする植物（果樹）の花は控えめです。それに比べて美しい花を咲かせる植物の実は小さいのです。

「置かれた場所で咲きなさい」とは，与えられた持ち場で不平不満を発せず，その場で活躍して成功しなさいという意味で，よく言われる言葉ですが，校長は自分の花を美しく咲かせようとしない方がよいのです。そうすれば子供たちが果樹のごとく大きな実をつけ，教職員もまた豊かな実をつけ，やがて学校は次に続く種を蒔くことができるのです。

> 「教育とは夢を語ること。
> いつか芽が出る種蒔き作業。
> 誰が蒔いてくれたかわからなくても，
> いつかどこかで花を咲かせてくれたら，
> それでいい」

これは，私が初任校で最初に出会った教頭先生の言葉です。

ずっと座右の銘として私の心にあります。

教育とは，すぐには結果が出ないけれど，何かしらの影響を与えていると信じることから始まるのですね。

12 校長は常に学び続ける

最終学歴（どこの大学を卒業したか）にこだわる方がいますが，それより今現在，何を学んでいるかという「最新学習履歴」こそが重要です。変化の激しい時代ですから。

最新学習履歴の更新を

　国語の大家であった大村はま先生は「教師は，持ち前の知識でその日その日を過ごすことのできる危険な職業」だと述べられました。小学生の子供に教えるという仕事を甘くみてはいけません。残念ながら，ひと昔前の実践から脱却することなく，あるいは教科書通りのありきたりな授業を行って場をやり過ごすような教師が存在していることは否めません。

　校長は，これまで以上にこの大村はま先生の言葉を重く受けとめなければならないと思います。教職員にも研修を課すように，いやそれ以上に校長は「最新学習履歴」を日々更新しなければならないのです。

　世の中は目まぐるしく変化し，教育界もその例外ではありません。今までになかった英語や道徳の教科化，1人1台端末の GIGA スクール構想等，新しい教育内容が入ってきました。教科等横断的に教育内容を組み立て，各学校の特色を生かしたカリキュラム・マネジメントも求められています。

　校長は，社会の動向を敏感に捉え，これらの教育課題に対峙しなくてはならないのです。担当の教師に任せるだけでなく，いつでも指導助言ができるようにしていたいものです。

私は，担任時代から「学ばざる者，教えるべからず」ということをモットーにしてきました。本を読んだり，土日にセミナーに参加したり，実践をシェアし合うサークル活動に参加したりと，時間やお金をかけて学んできました。それは決して見返りを求めるわけではなく，自分の成長のための学びです。そして，それは子供や先生方に還元されていると信じています。

　セミナーで出会った仲間と交流し，さらに Facebook でつながることで情報交換もできます。このスタイルは校長になった今でも変わりありません。「最新学習履歴」の更新を続けています。世の中の変化に疎いようでは，学校を活性化することはできないと思うのです。

学びを求めて

　教育雑誌や教育新聞には目を通すようにします。最新の情報をキャッチするためです。教職員に切り抜きを手渡したり，職員室だよりに思いとともに書いたりして情報提供します。学校教育活動についての保護者への説明責任もあります。最新の情報をもっていれば。保護者からの質問や物言いにも自信をもって答えることができます。

　教育雑誌や教育新聞で紹介される書籍を読むことも大切です。私は，Facebook でもつながっている先生方が新刊やおすすめの本を紹介してくれるので，すぐにポチっとします。読後は，職員室の校長の机にブックスタンドを置いて，本を並べ，教職員にも貸し出しています。

　夜のオンラインセミナーや，休日の対面セミナーからも多くの学びが得られます。管理職向けの学校経営論，リーダーシップ論などリサーチすればいろいろな企画を見つけられます。私は Facebook 仲間からの情報が多いです。

　Facebook ではいったんつながると，その後も書籍やセミナーの紹介が情報として入ってきます。アンテナを高く張り巡らせることも校長として必要なことだと思います。

13 校長はいつも笑顔で健康で

ドイツの文豪ゲーテは「人間の最大の罪は不機嫌である」という言葉を残したそうです。
校長が不機嫌であれば，教職員，児童等，学校中が不機嫌になるくらい影響力があるのです。

「笑顔で修羅場を乗り越える」

　この言葉は，私の尊敬する先生から若いときに教えていただいた言葉で，つらいときこそ笑ってみるということです。私の担任時代の信条でした。修羅場（激しい戦いや争いが行われる場所やその場面）という場でも笑顔でいられるなら，平穏な日常時に笑顔でいることができるはずでしょう。

　先生方に「今までの管理職について，嫌だなと思ったところがあったら教えてください」というインタビューをしたことがあります。その中には「威圧的なところ」「いつも苦虫を噛みつぶしたような表情をしているところ」「にらむように見てくるところ」などの回答がありました。やはり管理職に笑顔がないと，つらいのでしょう。ときには冗談を言ったり，素の自分を出したりして，笑いましょう！

「上機嫌でいこう」「ポストを磨け」

　我が千葉県の葛南教育事務所の所長であった山下秋一郎先生の管理職に向けての講演を聞いたことがあります。その中に，「管理職は上機嫌でいこう」

という話がありました。上機嫌は伝染します。よいことはどんどん感染させましょう。教職員が上機嫌であれば，当然子供も保護者も上機嫌になり，学校全体が活性化されると思います。

　さらに山下所長は「ポストを磨け」ということもおっしゃいました。「ポストを磨け」とは，校長あるいは教頭という管理職のポストの在り方を高めよということ。それを教職員に示すことで，ミドルリーダーが後に続きたくなるようにしなさいということ。上機嫌で，笑顔で楽しそうに仕事をすることって，そんなに難しくありません。いばったり，怒鳴ったりしなければ，たいてい笑顔でいられます。

健康が一番

　健康を保つことは校長にとっても大事なことの１つです。疲れを次の日まで引きずらないように，充分な睡眠をとるようにしています。深酒や夜ふかしは次の日に響きます。もう若くはないですからね。

　バランスのよい食事を適量とり，運動を定期的に行って，体力と免疫力をつけておくことも必要です。ちょっとでも身体の不調を感じたら早めの受診を心がけ，長期の休みをとらないよう普段から心がけるようにします。

　休日には，リフレッシュのために趣味をもって過ごすことも大事な健康管理でしょう。まったく仕事と関係ないことで楽しみ，そこで出会う人々とのふれあいが，自分の内面を高めることになって，それがまた教育の中で生かされることもあるのです。

私の趣味　心と体の健康のために
・ランニングやウォーキング（自然を見ながらゆっくりと）
・生き物の飼育，植物の栽培（メダカ，カブトムシ，ランのお世話）
・読書や映画鑑賞（推理小説や人間模様を描いたものが好き）

2章

校長の
12か月の仕事

01 校長の職務

教頭と校長の仕事分担は，学校によって違い，はっきりとした区分はありません。
教頭が忙しいときには，かつて教頭だった校長が教頭を助けることも必要です。

校長の職務とは

　法規の中には「校長は……」で始まるものが多数あります。予め確認しておきましょう。実際には，校長の名で教頭，教務主任，各担当が作成するものが多いのですが，最終責任者として決裁を行うのは校長です。

・校務をつかさどり所属職員を監督する（学校教育法第37条）
・児童生徒の懲戒（同法第11条）
・学齢児童生徒の出席状況の把握（学校教育法施行令第19条）
・正当な事由なく7日間出席しない学齢児童生徒の報告（同法第20条）
・全課程修了者氏名の年度末通知（同法第22条）
・指導要録の作成，進・転学先への送付（学校教育法施行規則第24条）
・出席簿の作成（同法第25条）
・職員会議の主宰（同法第48条）
・卒業証書の授与（同法第58条）
・授業終始の時刻の決定（同法第60条）
・非常変災時の臨時休業（同法第63条）

・感染症の疑いがある児童生徒の出席停止（学校保健安全法第19条）
・学校環境の安全確保（同法第28条）
・教育課程の決定，届け出，報告／宿泊学習・校外学習の届け出／教材の選定，届け出／行事による振替授業の決定／性行不良児童生徒の出席停止措置／健康診断の実施／忌引等の取扱い／施設管理／防火管理者の任命／非常変災等の対策措置／出勤簿の作成／出張の命令／教員の研修の奨励，実施／服務専念義務の免除／年次休暇等の承認／職員の死亡，災害，休暇の超過，欠勤等の報告／表簿等の廃棄／児童生徒数，職員数等の定例報告／事故報告／学校評議員の推薦（学校管理規則）

　他に，学校評価の実施と報告，人事評定，人事異動，校内人事，校務分掌の決定，教職員の服務監督，勤務時間の割り振り，物品購入の検定などもあります。また，PTAや地域との連携，行事への参加等は，学校の顔として欠かすことができません。
　こんなにたくさんの職務があるのですが，校長になる前に教頭としてほとんどの職務に関わるので心配いりません。これらのことがきちんとなされているかの確認をします。それが文書の最終決裁であり職印の押印です。

8管理2連携を忘れずに

管理：①学校教育の管理　　②所属職員の管理　　③児童生徒の管理
　　　④施設設備の管理　　⑤学校保健の管理　　⑥学校予算の管理
　　　⑦諸文書の管理　　　⑧情報等の管理
連携：①保護者・地域社会との連携　　②市教委・行政との連携

　毎日，これだけは怠っていないか，チェックするようにしましょう。
　最低限の管理・連携です。備えあれば憂いなし。大事な危機管理です。

02 校長の日々の仕事

何かが起きた際は，迅速で的確な判断が問われるのが校長です。
危機は必ず発生するという覚悟をもちつつ平穏な日々に感謝しながら職務を果たしましょう。

時間の管理は自分で

校長になると，教頭のときのように文書提出に追われることがなくなります。何もしなければ何もしないで1日が終わってしまうことになりかねません。ですから，自分で1日をスケジューリングする必要があります。もちろん，電話や来客，教職員からの相談，教育委員会からの依頼などが入ってくることが前提であり，優先すべき事項です。一応のルーティンワークを決めておき，臨機応変に1日を過ごすようにします。

【私の1日】

7：15	出勤　前日までの文書決裁　教頭と1日の確認
7：30	学区の見回り　登校児童の見守り
8：00	校庭，昇降口の見回り　玄関周りの掃き掃除
8：15	朝の会教室見回り　教室に入れない児童の支援
8：30	授業参観①　教育委員会等との連絡　執務
10：05	休み時間　校庭見回り

10：40	授業参観②	職員室だより，校長だより作成
11：40	給食の検食	新聞から情報収集　読書
12：15	給食配膳の見回り	
13：00	昼休み，掃除の見回り	
13：40	授業参観③	ホームページの新着情報アップ
15：15	会議，研修など	合間に執務
16：00	文書決裁　教職員との会話　執務	
	（金曜日は，教頭，教務主任とで次週の打ち合わせ会）	
17：30	退勤	

手帳はバーチカル

　教頭の時分からそうでしたが，手帳はバーチカルにしています。

　1週間が見開き2ページになっていて，横軸が日にち，縦軸が朝から夜までの時刻に区切られているものです。

　来客や出張の予定を管理するのにわかりやすく便利です。

　私は同じような手帳を2冊用意し，1冊は予定，もう1冊は記録用にしています。（時系列で記録できるので後で振り返るときに役立ちます）

24時間365日が校長という覚悟

　普段は早めに退勤することができますが，児童が帰宅していない，保護者と担任がこじれてもめているなど，緊急事態の場合はそれが解決するまでは学校に残ります。不法侵入，虐待事案等，夜遅くや休日でも非常事態が起きた場合には，すぐに出動します。教育委員会に携帯電話の番号を伝えてあるので連絡がくるかもしれません。いつも心の片隅に「学校の管理責任者としての校長である」という覚悟を携えていなければなりません。

03 4月　はじめよければすべてよし

4月は1年の始まりです。
「はじめよければすべてよし」といわれます。
学校経営方針を定め，どのような学校を築きたいか打ち出します。
1年の航海に出発です！

辞令交付

　4月1日，まず行う仕事は，転入職員に辞令を交付することです。校長自身が転入職員であっても，一足先に本校職員となり，新しい職員を迎えるという立場になります。職員の名前や職名などを間違えないように，初日は早めに出勤し，予め確認しておく必要があります。

着任の挨拶

　4月に着任したら，まず教職員との初顔合わせがあり，挨拶をします。教職員のみんなは，「今度の校長はどんな人か」と，挨拶の一言一言に注目しています。最初は明るく元気よく，「ああ，この校長だったら，安心して楽しくやっていけそうだ」と思ってもらうことが大切です。

　私の場合，「およそ30年間，学級担任をしてきました。みなさんよりたくさん悩んだり苦しんだり，ときには泣いたりしながらやってきましたので，何でも気軽にご相談ください」と言って安心感をもってもらいました。

学校経営方針の表明

　4月1日，第1回職員会議の冒頭において，校長は学校経営方針を明らかにすることになります。異動したばかりであれば，おおかた前年度までの校長の学校経営方針を引き継ぐことになります。

　しかし，1年後に変えようというのでは遅すぎます。できれば教職員や児童の実態を見た上で，ゴールデンウィーク明けくらいに「学校経営方針改訂版」を打ち出すとよいでしょう。

引き継ぎ

①事務引継書の提出

　新しい校長の配属が決まると，3月のうちに前任校長から引き継ぎをします。そのときに「事務引継書」を受け取ります。そこには，人事のこと，職員のこと，児童のこと，保護者のこと，地域のこと，施設管理のこと，会計のことなどをまとめられています。ここには書けない裏事情などもあり，引き継ぎにはおそらく2〜3時間はかかるでしょう。

　4月当初に，正式に引き継ぎを行ったことを報告するため，学校職員服務規程に基づき，「事務引継書」の写しを教育委員会に提出します。

②物品出納員引継書の提出

　物品管理規則により物品分任出納員（校長）が変更になると，物品出納員引継書を提出することになります。備品台帳，消耗品出納簿等，各帳簿の通りであると確認したことを前任校長と連署をもって報告します。

　この後，学校用の貯金通帳の名義変更を迅速に行うことで，学校会計を円滑に行うことができます。

職員理解

　異動してきた場合は，前任校長からの引き継ぎとは別に，教頭から職員の情報を得ることも大事です。立場が違えば見方も違うからです。学年の配属や分掌がどのような経緯で決まったのか，その内情は教頭が一番わかっています。以下の事項の他に裏事情なども早めにキャッチしておきましょう。

　・教職員同士の人間関係
　・保護者対応（苦情などの有無）
　・授業の力量
　・得意不得意
　・子供との関係

　私は，早いうちに職員全員との１対１面談をすることをおすすめします。まずは，自身の健康上のこと，家族のことで予め管理職に話しておいた方がよいと思われることはないか聞きます。通院や休暇の相談をそのときになってするのではなく，前もって知っておくことで，職員に安心感をもってもらうことができます。最後に今年度の抱負などを聞き取ります。できれば趣味や特技など自己アピールもしてもらうとよいでしょう。

地域回り

　移動してきた校長は，教頭の案内で，学校評議員，自治会長，民生委員，学校ボランティアなど，地域でお世話になっている方の家へ挨拶回りをします。名刺を渡すことを忘れないようにします。
　教頭が転任してきた場合には，校長が教頭を連れて地域回りをすることになります。ですから，異動した際に地域回りをした場所を覚えておかなけれ

ばなりません。

　私は４月からの異動先が決まった３月の時点で，新しい学校の学区を歩い
てみます。まだ顔を知られていない３月中の土日がおすすめです。危険箇所
や公園，公民館など地域の様子をじっくり見て歩くことができます。

　また，地域の氏神様を訪ね，新しく赴任する学校のこれからの無事を願っ
てお祈りします。そして，毎月１日には神社に参拝します。無事に過ごせた
１か月に感謝し，また新しい月の無事を願ってお祈りをするのです。これを
「１日参り」といいます。（月の最初の新月の日に参拝するのは「朔日参り」
というようです）

4月の主な行事：始業式 入学式 1年生を迎える会PTA総会

　始業式や１年生を迎える会では「校長先生の話」があります。子供たちの
心に響く話を考えたいものです。また，入学式では「式辞」（読み上げ可）
があります。新入生に向けたわかりやすい話であることはもちろん，保護者
への挨拶や保護者に学校の教育方針を理解していただく大切な話でもありま
す。式辞用紙にまとめる（入力したものを貼ればよい）作業もあるので早め
に考えましょう。

　また，PTA総会では挨拶をしたり，紙面に挨拶文を掲載したりすること
があります。いずれにしても軸がぶれないことが大切です。

04 5月 周囲にしっかり目を向ける

1年の航海に乗り出した学校という船は，順調に進んでいるでしょうか。
5月は，船の周りの海や船の乗客に目を向けるときです。
海が静かなうちにやっておくことは何でしょう。

学校経営方針再提案

4月にとりあえず提案した「学校経営方針」を，5月には修正し再提案します。学校の実態を1か月かけて見ながら，課題を見つけ，自分の思いをのせて目指す学校像を明らかにします。私は，学校経営方針が一目でわかる「グランドデザイン」を描いて提案しました。（15ページに掲載）

①修正したところ

・学校教育目標に「日本人としての誇りをもって」を加えました。教育基本法に「伝統と文化を尊重」「我が国と郷土を愛する」という文言があり，そのことが自己肯定感につながると思ったからです。

・目指す児童像を「思いやりのある子」から「思いやりをもって人と関わる子」に変えました。人との関わりが大切であり，そこから思いやりが芽生えると思うからです。

②加筆したところ

・児童につけたい力を具体的に示し，「自分の思いを実現できる児童」「力を

合わせ，主体的に行動できる児童」の育成を図ることにしました。

児童理解

　校長室にとどまっていては児童と接することができません。登校時は校門や近くの交差点などに立って見守りをしたり，休み時間は校庭に出て遊ぶ様子を見たりします。授業の様子，給食や掃除の様子なども見て回ります。

①特別支援学級の児童の把握

　特別支援学級があれば，頻繁に教室を訪問して，顔と名前を覚えます。一人ひとりの性格や行動について把握していかなければなりません。早いうちに適切な支援ができるようにします。

②通常学級に在籍する特別な配慮を要する児童の把握

　登校をしぶる児童，なかなか教室に入れない児童がいれば，担任や養護教諭と連携して対応します。とりあえず校長室に招き入れ，絵本や教材を与えたり，話を聞いたりします。落ちついたら，教室まで送り届けます。
　校長室には，子供の興味・関心を引くものを用意しておく必要があります。

PTA運営委員会・自治会総会への参加

　ゴールデンウィークを過ぎると，PTAも新しいメンバーで動き始めます。運営委員会（毎月開催）などに参加し，学校の様子を話します。保護者からの要望を聞き，対応すべきところは対応していきます。
　また，地域の自治会も動き始めます。校長もメンバーとして参集のお誘いがきます。たいてい休日に行われますが，地域との連携が大切な昨今ですから，なるべく出席するとよいでしょう。地域と積極的に関わり，地域から愛される学校になることも大切です。

校長会議・校長研修

①校長会議

　仕事は校内だけにとどまりません。市ごとに行われる校長会では，理事会によって各種団体役員，各関係機関に校長が割り振られます。それぞれの団体，関係機関で行われる会議に出席し，そこで話し合われたことを持ち帰り，校長会議で報告するという役目があります。

　下記のような団体，関係機関，役割があります。

学区審議会，社会教育委員，青少年問題協議会，公民館運営審議会委員，青少年センター運営委員，学校保健会，体育連盟，PTA連合会，教頭会顧問，教務主任会顧問，学校給食会，学校栄養士会，養護教諭会，市民防犯推進協議会，学校安全対策委員会，教育研究会，心身障害児就学指導委員会，特別支援教育連盟，特別支援学級設置校校長会，学校図書館協議会，民生委員推薦委員，地域福祉計画策定委員会，幼小接続協力者会議，社会福祉審議会，帰国・外国人児童生徒支援協議会，子供・子育て会議，放課後子ども総合プラン推進委員会，学校警察連絡委員会，いじめ問題対策連絡協議会，教育情報化企画連絡協議会

②校長研修

　校長は，理事会によって数名ずつの専門委員会に割り振られ，それぞれ自主的に活動します。下記のような専門委員会があります。

人事対策，財政対策，行政対策，研究研修，社会教育，生徒指導対策，健康安全対策，人権教育対策，防犯防災対策，特別支援教育対策，環境教育対策，教育情報対策

また，市内の各教科部会の顧問となり，研究会では指導・助言を行うことになります。必ずしも得意分野に割り振られるとは限らないので，校長といえどもその分野についての新たな学びが必要になります。

　市教委や県教委の主催する校長研修もあります。文部科学省から出される教育施策の動向を校長が知らないわけにはいかないからです。ここで学んだことを学校に持ち帰り，生かしていかなければなりません。

　私は，「学校図書館協議会」に割り振られ，教科部会は「学校図書館」担当となりました。学校図書館協議会会長として，図書主任の集まる研修会に参加し，挨拶をします。そこでは，「先生方の読書生活もまた充実したものにしましょう」という話をしました。また，読書感想文コンクールの募集要項を全市に配付し，夏休み明けには審査に立ち合い，最終決定の責任者となります。夏休みには課題図書を熟読し，優れた読書感想文を的確に選抜する力量を高めなければなりません。

　教科部会では，顧問として毎月の研修に立ち合い，指導助言をします。図書館見学をしたり，絵本作家を招いての講演会をしたり，校内配付の図書だよりを持ち寄って検討したりと読書教育の一端を担います。

　専門委員会は「研究研修」となり，研修会の準備やまとめ等を行います。講師の先生とも話ができるなど，役得の経験もできました。

5月の主な行事：健康診断　運動会

　内科，耳鼻科，歯科などの健康診断が行われます。校医が来校したら校長室に通し，挨拶を兼ねて学校の状況について話をします。ですから前年度の傾向を把握しておくことが必要です。

　運動会では総監督という立場で，前日までの練習や準備など全体の動きを見て，改善が必要なところや足りないところを示唆します。当日は「校長先生の話」，来賓接待，PTAへの労いなどがあります。

05 6月　気を抜かずに職員や児童を見守る

6月は，船が難航する時期です。
大きな行事もなく，学校生活に慣れが生じ，梅雨時という天候のせいもあって，気を抜くと思わぬトラブルにあうことも……。
要注意月間です。

目標申告

　教職員は学校経営方針をもとに，目標申告を書きます。そこには，個人の思いや願いも組み込むことができます。記された内容について確認するため，一人ひとりと面談をして具体的に詳しく説明してもらいます。学級や校務分掌の実態から，今年度の課題を見つけ，それについての方策をできるだけ数値化して目標が立てられているかを吟味します。目標が学校目標や本人の思いや願いにそぐわないものであれば助言します。

　私は最後に，2か月やってきてどうかということをざっくばらんに話してもらい，近況を把握します。実はここが一番本音が聞ける大事な場です。

教育長による校長面談

　学校経営が軌道に乗ってきた頃，市の教育長，学校教育部長，学務課長が臨席する面談があります。市やそのときの情勢によって異なるでしょう。先に面談をすませた仲間から情報を仕入れておくとよいでしょう。

　ちなみに私のときは以下のようなことを聞かれました。

- 学校教育目標について3分で述べなさい
- 学校経営はどうか。児童の様子，家庭や地域の様子について
- 教職員はどうか。特に新規採用教員，教頭について
- 教育活動はどうか。GIGA，環境教育，教科担任制などについて

相談機関との連携

　スクールカウンセラーが配置されると保護者からの相談依頼がきます。また，担任からも通常学級に在籍する特別な配慮を要する児童についての困りごとがあがってきます。特別支援学級でも，学校だけでは解決できないことが浮かびあがってきます。校長は，特別支援教育コーディネーターと連携して，保護者と面談などを通し，適切な相談機関へつなげていかなければなりません。

　まずは，市の教育支援センターに一報を入れ，保護者が連絡しやすいようにお膳立てをします。そうすると教育支援センターの職員が学校を訪問し該当児童を視察したり，保護者の要望によっては知能検査を行ったりと対応が進んでいきます。家庭に何らかの問題がある場合は，スクールソーシャルワーカーを申請することができます。ヘルパーや計画相談員，保護司などの専門分野の方が，学校では踏み込めない家庭の事情を把握し，児童が安心して学校生活を送れるような支援をしてくれます。

6月の主な行事：水泳指導

　水泳指導は，命に関わる事故が起きないよう充分気をつけなければなりません。事前に職員の蘇生法研修を行い，安全に水泳指導が行われているか，プールの管理が適切か，常に注意を払います。

06 7月 浮足立たないように

7月は夏休みを目前に控え，中締めとしてのまとめの時期になります。
浮足立たないように舵をとりながら夏休みを迎えられるよう，ゆったりと満ち潮を感じて漂いましょう。

授業参観

大きな行事を終えたら，各教室の授業をしっかりと参観したいものです。普段の授業の中で，担任の言葉づかいや児童への配慮，担任と児童の関係性などを見ることが大事になります。

私はキャンプ用の椅子を持っていき，教室の後ろで子供たちと一緒に授業を受けるような感じで参観します。そうすると威圧的にならず，児童も先生も普通に授業を進めやすいと思うのです。

研修計画　研修とは「研究」と「修養」

夏休みは学びのチャンスです。悉皆研修も多いとは思いますが，出勤日には，校長の目指す学校経営に関する職員研修を実施したいものです。

教師は「研究」はよく行うけれど「修養」をしないという話をかの野口芳宏先生がされました。修養とは，知識を高め，品性を磨き，自己の人格形成に努めること。夏休みこそ，目先の職務だけでなく，人間力を高める学びを奨励したいと思います。

不祥事防止対策

　夏休みになると，教職員も気がゆるみがちになります。暑気払いと称して，日頃の疲れを発散する機会もあります。夏休み前に改めて，教育公務員であることの自覚を促し，羽目を外さないようにしなくてはなりません。不祥事が自校から起きないように校長から声かけをしたり，教育委員会から講師を派遣してもらい研修をしたりするとよいでしょう。

環境整備

　新学期から4か月。夏休みは，慌ただしさから解放され，落ちついて校内を見渡すことができる時期になります。こういう時期には，校内の環境を見て回り，修繕すべきところ，片づけるべきところなどを洗い出します。そして，教員や用務員ができるところは夏休みを使って整備していく計画を立てます。自分たちでできないところは教育委員会施設課などに修繕依頼を出します。

　草刈り，ペンキ塗り，廃棄物の処理，倉庫の片づけなどに校長自ら動くことも大事です。率先垂範することで，職員も環境整備に目がいきます。

7月の主な行事：保護者面談　夏休み

　保護者面談では，学校教育活動に関する質問があった場合，担任が安易に判断して返答しないように指導します。「管理職に相談してからお答えします」と言い，学校としての見解を保護者に伝えるようにします。

　夏休みには，学校によっては補習や水泳指導が行われます。児童が登校する日は，登下校の安全確認が必要です。夏休みといえども，児童が登校しているうちは気を抜くことはできません。

07　8月　リフレッシュを大切に

8月はリフレッシュの時期です。
寄港して，船を休めましょう。
そして，力をためたら，次なる目的地について思いを巡らせ
ましょう。

管理職は意外と出勤が多い

　夏休みには，できるだけ夏季休暇以外にも年休を使って休むように教職員に促します。なぜなら，趣味や家族のことなど，普段やりたくてもできなかったことをして，リフレッシュすることが大事だからです。

　しかし，管理職はなかなか休みがとれません。教頭か校長どちらかが必ず在校していなければならないからです。教頭が研修等で出張であれば，校長は出勤です。校長が休みをとれば，教頭が出勤です。教頭と話し合って，どこで休みを取得するかを決めます。

　「学校閉庁日」が設けられている日は校長，教頭どちらも休むことができます。それでも，管理職は市教委からの連絡をいつでも受けられるようにしておかなくてはなりません。侵入事件や児童の交通事故など，休暇中でも対応を迫られることがあるからです。

　私は，先に出張や私事旅行など最小限の予定を入れた後，教頭の取得したい日を聞き，残りの何日かを2人でうまく配分します。いつもなかなか休みをとれない教頭にも，できるだけ休んでほしいと思うのです。

地域との連携　パトロール

　夏休みに入ると，地域の自治体（町内会）が主催する催しものが開催されます。町内会別に行われる夏祭りには，顔を出して挨拶することが大切です。子供たちや保護者にも挨拶しながら，見守りをします。花火大会，流しそうめんなどの催しものにも都合がつく限り顔を出すとよいでしょう。

　また，PTAや青少年センター等による夕刻のパトロール活動が行われることがあります。任せっぱなしにせず，顔を出せない場合は事前や事後にお礼を伝えます。

4か月の振り返りとこれからの見通し

　4月のスタートから息つく暇もなく突っ走って4か月。夏休みには時間の余裕があるので，4か月を振り返ってみます。気がついたことは書き出しておいて，次年度に生かしたいものです。

　また，9月以降の見通しをもちます。通知表や学級・学年会計，校内研究，校外学習，その他行事についてシミュレーションしてみるとよいでしょう。

8月の主な行事：夏休み

　教職員も日直以外はあまり出勤しなくなり，学校が無人化する時期もあるでしょう。校長は，ときどき学校の様子を見に行くことも必要です。いたずらや侵入がないか，動植物の世話は行われているか見回ります。雨が少ないときは花壇の水やりをすることもあります。飼育担当が帰省するなら餌やりも請け負います。

08　9月・10月　気持ちを新たに

夏休み明けの9月は，再出航となります。
10月は，2期制の前期と後期の節目でもあります。
気持ちを新たにする機会を大切にし，充実した日々にしていきましょう。

校外学習の引率

　9月から，各学年の校外学習が行われることになります。校長は全体責任者として引率をします。事前の打ち合わせを行い，しおりをよく見て，内容をしっかりと把握しておきます。懸念されるようなことがあれば，事前に解決しておかなければなりません。

　特に宿泊を伴う場合には，途中で体調を崩す子への対応方法も考えておかなければなりません。近隣の病院を確認しておきます。

　いざというときには，保護者に迎えにきてもらうこともあるということを予め保護者に理解していただくことが大事です。一応，医療費，タクシー代など，何かのときに現金が必要になるかもしれないので，10万円くらいは持っていくとよいでしょう。

　当日は，見守ることに徹し，学年の担当に任せるようにします。とやかく口を出すことのないように気をつけます。

前期通知表の点検

　働き方改革の観点から，業務改善として「所見」を記載しないようにする動きがあるようです。所見を記載しないかわりに，保護者面談を行い，口頭で子供たちの様子を伝えることになります。

　私は，所見はぜひ書いてほしいと考えています。所見を書かなくてもよいとなると，子供一人ひとりを見取る目が育たないのではないかと懸念します。子供一人ひとりをしっかりと価値づけし，わかりやすい文章にすることで，児童理解が深まると思うのです。

　仮に所見なしで保護者面談をするとなれば，保護者に話す内容を文書に残し，管理職に上げ，記録に残さなければなりません。何を言ったか忘れてしまったり，次の面談でも同じことばかり言ってしまったりすることがあっては，学校の信頼がなくなるからです。結局，記録を残すことを考えれば，所見と同じくらい手間がかかることになるのです。

　また，所見を書くことは，若い先生方の文章力を高めるためにも大切なことだと思います。話し言葉が抜けきらない文章，主語と述語のねじれ，漢字や言葉の間違った使い方などは，保護者からの信頼を損ねてしまうことになるからです。

9・10月の主な行事：校外学習

　夏休み明けは，子供たちの登校を歓迎し，ルールの確認をしたり，必要に応じて変更したりします。子供たち一人ひとりの変化や子供同士の人間関係の変化にも注意しなくてはなりません。

　そして校外学習などの行事を通して，充実した生活を送れるように声をかけていきます。前期を振り返り，後期の目標を立てる「節目」も大切にしたいものです。

11月・12月　次年度の見通しまで考えて

だんだんと寒さを感じ，航海もテンションが下がり気味になる冬。
そんなときも校長が元気に明るく上機嫌でいる姿を見せることで，周りによい影響力をもたらします。

研究授業

　充実した教育活動を行うことができる11月には，校内授業研究会や公開授業研究会を行う学校が多いでしょう。事前の指導案検討の際，指導助言を求められることもあります。「管理職になったから授業のことはわからない」というスタンスではなく，一緒に考え，学ぶというスタンスが大事です。

　研究のための授業ではなく，日常に生かせる授業を行うことが大切だと思います。先生方が，終わった後に「やってよかった」「力がついた」「明日からやってみよう」という思いがもてるようにしたいものです。

音楽会などの学校行事

　学校行事は学校によって異なりますが，秋には文化的な行事が行われることが多いでしょう。どのような行事にせよ，児童にどのような力をつけるためなのかを確認しながら練習するようにします。教師の見栄のために子供が犠牲にならないように，先生方の指導を見守るようにしなくてはなりません。

　また，学校評議員に学校行事を参観していただき，その後，学校評議員会

を開催します。忌憚のないご意見をありがたくいただくようにします。

次年度の見通し

　12月は，次年度の校内人事について考え始める時期になります。できれば冬休み前に，次年度の人事異動希望調査票や学年，分掌希望票を配付，回収しておきます。

　冬休みには，異動の相談にのり，教職員の願いを受けとめるとともに，自校の組織マネジメントも考えていかなければなりません。

　また，次年度の教育課程や日課時刻も視野に入れなくてはなりません。冬休み前に教職員から学校評価を提出してもらうと余裕をもって検討することができます。

　教頭，教務主任とともに課題を話し合い，働き方改革の観点から，継続するもの，変えていくもの，なくしていくものなどを話し合います。

　人事異動にはアンテナを高くしておくことをおすすめします。他校で異動を希望している教職員がいないか，知人からの情報をできるだけキャッチしたいものです。ほしい人材確保の戦略は，もう冬休みから始まっています。

11・12月の主な行事：研究授業　音楽会など　冬休み

　夏休みと同様，暮れから新年にかけて教職員はあまり出勤しなくなり，学校が無人化します。校長は，ときどき学校の様子を見に行くことが必要です。いたずらや侵入がないか，動植物の世話は行われているか見回ります。

　また，この時期はクリスマス会，忘年会，新年会など，教職員も楽しい企画が多い時期です。教職員も気がゆるみがちになることが懸念されます。不祥事防止の声かけも念入りに行います。

10　1月・2月　何事も先手必勝

年が明けると，学校の教育課程も大詰めになってきます。
残された3か月を見通し，余裕をもって航海を続けていきましょう。
何事も先手必勝と心得ることが大切です。

学校評価

　学校が自らの教育活動その他の学校運営について，目指すべき目標の達成状況や達成に向けた取り組みの適切さなどについて評価をし，学校の組織的，継続的な改善を図るために学校評価をします。

・自己評価（校長のリーダーシップのもと当該学校の全教職員による）
・学校関係者評価（保護者，学校評議員，地域住民，青少年健全育成関係団体の関係者，接続する学校の教職員による）
・第三者評価（学校運営を改善し，教育水準の向上を図り説明責任を果たし，保護者や地域住民の理解と参画を得て学校づくりを進めるために，第三者の見解を導入する）⇒これは任意

　学校は，自己評価及び学校関係者評価のアンケート（項目ごとの点数など）を報告することが義務づけられています。ですから，ホームページや学校だよりにおいて，課題や改善点，対策について周知します。

　児童からも評価をもらうと，子供目線での気づきがあり，とても有効です。

私は，気になる記述をした子から詳しく聞き取りをしています。

人事評価

　人事評価は，次の２つのことを目的に行われます。

・教職員の能力開発及び人材育成

・学校組織の活性化

　教職員の能力，成果，意欲を正しく評価することにより，異動，配置，昇格，昇給，賞与及び訓告に活用し，教職員の能力及び資質と士気の向上を図るものです。

　年度当初，各自の業績評価（目標申告シート），能力評価（職務能力発揮シート）の提出を求め，当初面談，中間面談を行い，２月には最終面談を実施します。最終面談では，当該年度の成果と今後の課題について認識を共有し，それぞれの資質能力の向上及び学校組織の活性を図り，学校教育の充実につなげていきます。

　業績評価と能力評価の結果を点数化し，総合評価を算出します。その結果，「優秀」（上位３割程度）の教職員は給与に反映されます。

　この人事評価は，問題のない教職員には知らされないのですが，希望者と問題のある教職員には開示することになっています。それを聞いて，納得がいかない場合は，教育委員会に苦情の申し出ができます。ですから，根拠をもって慎重に評価にあたりましょう。

１・２月の主な行事：書初め マラソン大会 ６年生を送る会

　寒さが厳しくなる頃ですが，冬ならではの行事が行われます。寒さ対策をしながら，風邪やインフルエンザなどの感染予防にも配慮します。欠席状況に気を配り，学級閉鎖などの適切で迅速な対応が求められます。（新型コロナウイルス感染症対応も同様です）

11　3月　人事も妥協せず

いよいよ目的地が見えてきます。
やり残しがないようにするとともに，次の航海に向けての準備も万全に行います。
無事に目的地に到着するまで気を抜かずに航海を続けましょう。

人事異動

　自校から異動する教職員と，他校から異動してくる教職員，退職する教職員，新規採用の教職員などが決まります。それまでに，教育委員会に出向いて面談を行い，自校の要望を伝えたり，この人はどうかと検討したりします。

　来年度の校内人事に関わることなので，妥協せず，できるだけ要望を受け入れてもらうために尽力します。交換条件などを提示されるので，よく考えて答えを出さなければなりません。

　決定したら，あれこれ言わず，人材をどう生かすかを考えていくようにします。決定するまでは，極秘に行われることなので，口外無用。気をつけましょう。決定したら，本人に内示をします。

　確定した人事から教頭に伝え，校内人事の検討に入ってもらいます。

　また，確定したら，異動先の校長，異動元の校長と情報交換も行い，校内人事の参考にします。マイナス評価も必要な情報ですが，プラス評価を大切にしたいと思います。

　異動する教職員の異動先については，新聞による正式発表があってから，

児童や保護者へ報告することになります。しかしそれは3月末になることから，離任式には異動先は伏せて，異動する教職員の周知を行います。離任式の日にちは地域によって異なるようです。本市は修了式と同日に行います。前日に，異動する教職員一覧を配付したいと思います。（離任式当日に知らされるよりも，子供たちが心の準備ができ，手紙などを用意することができるからです）

校内人事

　人事異動が確定したら，校内人事を本格的に決定していきます。次年度の学年構成が一番重要です。なるべく本人の希望をかなえたいと思いますが，希望通りにならない教職員には納得してもらうように話をします。次年度の校務分掌についても同様です。

　あくまでも3月中は内示です。4月の職員会議において正式に発表します。教職員にも，内示であること，変更もあることを伝えておきます。

　全体での発表は，修了式が終わったら，春休みの早いうちに行います。次の学年への準備を春休みの時間を使って行ってほしいと思うからです。

3月の主な行事：卒業式 修了式 離任式 春休み 引き継ぎ

　卒業式の式辞，修了式の校長の話は，6年間もしくは1年間の締めくくりです。最終講義だと心得，意義のある話を用意したいものです。

　校長が異動，退職の場合は，やり残しのないように，また，しっかり引き継ぎができるようにします。「飛ぶ鳥跡を濁さず」です。

3章

組織マネジメント

01 学校経営の理念を共有する

 学校が学校らしくあるために必要なことを考えてみました。活気があって，生き生きとしている学校と，騒々しくて，無法地帯になっている学校，その違いは何でしょう？

「時を守り　場を浄め　礼を正す」

　これは，かの「国民教育の師父」と謳われた森信三先生の言葉です。私は，この言葉を学級経営の理念としていました。学級経営も学校経営も基本は同じです。校長になってからは，これを学校経営の理念としました。

　私は，この言葉を「目指す教師像」に明記し，具体化して，次のように教職員に伝えました。

・「時を守る」とは，秩序ある生活につながります。
　会議や行事の開始時刻だけでなく，終了時刻も守りましょう。
　提出物は期限を守ること。
　待たせることは，その人の時間を奪うことになります。
　時間がきたら，授業は途中でも終了しましょう。

・「場を浄める」とは，清潔な環境につながります。
　整理整頓，掃除をしっかりやりましょう。

教室環境は学習にふさわしい場にすること。
整然とした空間だと少しの乱れ（サイン）に気づくことができます。
職員室も整理整頓をして，仕事がしやすい場にしていきましょう。

・「礼を正す」とは，礼儀を心得ることです。
挨拶が自然にできる子に育てていきましょう。
先生方が明るく元気な挨拶の模範になること。
時と場，そして相手に応じた言葉づかいができることが大事です。
朝と帰りに，校長室をのぞいて挨拶をしてくださいね。

正常な学校には４つの「セイ」がある

　本市の教育長である松本文化先生から，新任校長研修の際に，「正常な学校には，４つの『セイ』がある」というお話をいただきました。
　４つとは，「誠意」「正義」「静寂」「清潔」です。はたして自校には，この４つがあるでしょうか。これも，常に教職員のみんなと振り返りたい理念です。

・誠意：心からまじめに物事にあたる気持ち
・正義：人として行うべき正しい道理
・静寂：しんと静まり返った様
・清潔：汚れがなく衛生的であること

　裏を返せば，この４つが欠けていたら学校は乱れるということでしょう。もしも乱れが生じたら，この４つを取り戻すことから取り組めばよいということにもなります。

02 居心地のよい職場をつくる

学校経営は，学級経営と本質は同じです。
校長は一人ひとりの教職員を大切に思い，その人のよさを認め，可能性を引き出します。
その根底として居心地よく生活できることが大切ですね。

休暇をとりやすい職場に

「1に健康，2に家族，3，4がなくて5に仕事」これは，私が勤務する市の渡邉尚久校長先生が職員に示した言葉です。とてもよいと思い，私も常々使わせていただいています。

自身の体調がおかしいと思ったら病院へ行く，家族に寄り添わなくてはならない状況にあったら家族のために時間を使う，そのために休暇をとることに遠慮はいらないのです。学校は「お互い様」。誰かが休んだら他の誰かが補います。自分がしてもらったことを，自分もどこかで返せばよいのです。

教頭のとき，主人が還暦の誕生日を迎えることになりました。誕生日は平日でした。そこで校長に，

「今日は，そういうわけで定時に帰りたいのですが」
とお願いしたところ，

「何か急な用事が入ってくるかもしれないから，年休をとって早く帰るといいよ。買い物や準備があるでしょう」
と言っていただき，早めに退勤。余裕をもって祝うことができました。

誕生日は，誰もが同じように祝うことができる特別な日です。私は，自分や家族が誕生日なら遅くとも定時退勤をするようにすすめています。また，大人でも誕生日にお祝いの言葉やプレゼントをもらえたらうれしいものです。私は，教職員全員の誕生日を手帳にメモしておき，当日の朝に，ささやかながらちょっとしたお菓子をプレゼントしています。

弱音を吐ける　助けを求められる　そんな人間関係に

　校長は暇そうにしているのがよいですね。いつでも声をかけられやすいようにしているのです。忙しそうにしていると声をかけづらいからです。ふらふらっと校内を歩きながら，あるいは職員室にいる先生方を見つけては，「困っていることない？」と声をかけ，気軽に相談しやすい雰囲気を醸し出していることが大切です。

　校長自らがそういう雰囲気をつくっていけば，職員室もまた同じように話しやすい空間になるでしょう。そうすれば，弱音を吐いたり，助けを求めたりしやすくなります。校長もときには教職員とたわいないおしゃべりをし，ユーモアがあって，笑いが頻繁に起きるような職員室をつくりましょう。校長が率先して，人間関係づくりに参与することです。

1人職，非常勤職員などを大切にする

　養護教諭や栄養教諭，事務職員，非常勤職員や臨時の方，そして再任用の方を大切にしたいと思います。担任が授業や子供たちの話をしているときに，もしかしたら疎外感を感じているかもしれません。仕事上の悩みや問題を相談できる相手がいないかもしれません。

　担任が気づかないところで縁の下の力持ち的な役割を果たしていたり，担任の知らない子供たちの一面を知っていたりします。ときどき，たわいないおしゃべりをしながら，労を労うことを忘れないようにしたいものです。

03 人間関係を正す

子供や保護者との信頼関係づくりも大切で大変ですが，もっと重要なのは教職員同士の人間関係づくりかもしれません。心の悩みの多くが同僚とのつきあい方だったりします。

ボス的教員と対峙する

　神戸市の小学校で新卒３年目の男性教員が同僚の教員４人からいじめや暴行をうけていた事件がありました。おそらく職員間に，子供のいじめと同じ「同調圧力」があり，負の影響力のある「ボス的教員」とその取り巻きに同調できない者を排除するという状況があったのでしょう。

　当時の校長は，それまでに同校で教頭としても勤務していたそうです。そんな校長が，なぜいじめを阻止できなかったのでしょうか。ボス的教員の同調圧力に屈し，正義を貫こうとする感覚が麻痺してしまったのではないかと考えられます。

　校長は，負の影響力がある「ボス的教員」と勇気をもって対峙しなくてはなりません。「ボス的教員を敵に回さないことが学校運営をうまくやっていくことになる」などと考えているようでは，教員間のいじめが起きかねません。ボス的教員によるいじめまがいの言動や校内を乱すような言動があれば，全力で解消していくのが校長の役目なのです。

私の担任時代のことですが，学級だよりを書いていたら，学年主任から「他のクラスがやらないことをやらないで」と言われたことがあります。休み時間に子供と一緒に外で遊んでいると，その学年主任から「私たちは遊ぶつもりがないから，あなたもやめて。自分だけ人気者になろうとしているのでしょう」とも言われました。私だけ学年の食事会に声がかからなくなり，仲間はずれにされていました。まあ，一緒に食事をしたいとは思いませんでしたから，気にはしていませんが。

　当時の校長は，そのボス的教員である学年主任のいいなりで，私をみんなと同調しない悪者と思っていたようです。ここではやっていけないと思った私は，翌年度，異動しました。

一人ひとりの思いを大切に

　学校には，揃えることがよいことという風潮があります。特に何でも学年で揃えるということが，保護者の安心を得るために必要と思われています。また，先述のように職員の中には影響力の強い教員がいて，やりたいことがあるのに，その人に気をつかってできないという図式も存在します。

　やりたいことがあったら，遠慮せずにやれるという教師集団が理想です。宿題の出し方も，掲示物も，授業の進め方も，それぞれ違ってもよいと思います。自分の持ち味を生かして，互いにその持ち味を認め合う人間関係が好ましいのです。よい実践はまねしたければすればよいし，自分に合わなければ違う方法を考えればよい。そんなふうに教師も子供たちと同じように，「個別最適化」を追求すべきではないかと思うのです。

　校長は，よきにつけ悪しきにつけ影響力のある教員に目がいきやすいものですが，地道にコツコツと努力を続けている教員にも目をかけ，声をかけていきたいと思います。目立たなくとも内に秘めた熱い思いをもっているかもしれません。それを引き出すのもまた校長の役目といえるでしょう。

04 教頭を育てる

教頭の経験のない校長はいません（民間からの起用以外）。
ですから，校内で一番教頭に近く，教頭の気持ちがわかり，
教頭に指導できる存在，それが校長なのです。

校長になるための指導が必要

　教員採用の少なかった世代が50代になりました。管理職候補の数が足りません。そうなると，30代，40代から管理職に採用されます。自ら管理職を希望するというより，頼まれて管理職になっていきます。最近では，管理職選考もかつてと比べて簡単になりました。

　例えばC県では，今までは前年度が不合格だったら，翌年度はまた一次試験から受け直しでした。しかし，今年度からは前年度の一次試験が受かっていて二次試験で不合格だった者は一次試験が免除となりました。また，筆記試験も今までは6問（1時間で筆記4問，もう1時間で法規と筆記2問）だったのですが，今年度からは，たったの2問。それも7月の段階で予め問題を提示してあります。

　誤解を恐れずにいえば，頼むから管理職になってほしいといわれ，勉強をろくにしないでも簡単に，まだ経験の浅いうちに管理職になってしまい，校長を悩ませる教頭が増えてしまうのではないかと懸念されます。そして，教頭の過失は，すべて校長の管理監督が不行き届きであると判断されてしまうのです。教頭を指導し，次期校長に育てることは喫緊の課題なのです。

こんな教頭がいると聞いています。

・アンケートを実施せずに，前年度の結果を改ざんして提出した教頭
・文書処理に専念し，校内を巡ることなく，児童や職員との関わりをもたない教頭
・夏休み早々，まだ児童が部活や補習で登校している時期に2週間の海外旅行に行く教頭
・夏休みの出勤日に，何の連絡もなく10時になっても出勤しない教頭
・校内でタバコを吸う教頭
・教室に入れずやむなく校長室登校をしている児童に，心ない言葉をかける教頭

　きりがないのでこの辺でやめておきます。管理職であるという自覚をもって，その重責を果たす責任感をもった教頭を育てなくてはと思います。

範を示す

　校内に教頭も校長も1人。教諭ならお互いの働きを見てまねたり共有したりできますが，教頭も校長もそれができません。たいてい自分が仕えた教頭，校長の姿をまねてしまうことが多いでしょう（反面教師ということもありますが）。ですから教頭には，校長としてのあるべき姿を示すのが一番なのです。「ポストを磨け」という言葉を本市の教育事務所長の山下秋一郎先生がおっしゃっていました。憧れをもって「あんな校長になりたい」と思わせる働き方をしたいと思います。

　私が教頭に期待することは，以下のようなことです。
・校長のビジョンを理解し，教職員を啓発する
・校長がやっていることを見たら，一緒にやる，もしくは引き受ける
・「報告，連絡，相談」だけでなく，解決策や対応方法を提言する
・いつも明るく，元気に，楽しそうに，児童や教職員と関わる

---

05 研修を推進する

急速に様変わりしていく世の中にあり，校長も教職員も子供たちに負けないように学び続けていく必要があります。「学ばざる者，教えるべからず」を信条にしましょう。

研修とは「研究」と「修養」

教育基本法第９条に「教員は，自己の崇高な使命を深く自覚し，絶えず研究と修養に励み，その職責の遂行に努めなければならない」とあります。「研究」と「修養」のことを合わせて「研修」ということがわかります。

ここでいう「研究」とは，児童生徒をよりよく教え導くための勉強です。「修養」とは，教師自らの心を鍛え，人格を高める勉強なのです。

かの野口芳宏先生は，「教師は研究に比重を置きすぎて，修養をおざなりにしていないか。教師は教えることは大好きだけれど，教わることは嫌いな人が多い。それではいけない。教育は感化である」と，ある研修会で話されました。

校長は，教師もまた学び続けなくてはならないことを教職員に伝えなくてはなりません。特に「修養」を意識するようにしたいものです。児童に教えたいと思うことを，教師自身がまず深め，身につけてみるという姿勢が大切なのではないでしょうか。例えば，児童に自己肯定感を身につけさせたいなら，教師もまた自己肯定感をもつように。児童に日本のよさを伝えたいなら，まずは教師が日本について深く学ぶように。そんな学びが必要です。

私は，月に一度は「研修」を企画しています。例えば，先述したように「自己肯定感を育む授業」ですとか「クラス会議の意義と実践」など，その分野について造詣のある先生方を招聘しています。

　職員から，今後どのようなことを学びたいかアンケートをとり，それに見合う講師を探すのが，私の役目となっています。

新たな教員研修制度

　教員免許更新制が廃止され，文部科学省から「新たな教師の学びの姿」が明らかにされました。「誇りをもって主体的に研修に打ち込むことが求められる」と説明がありました。教師もまた児童生徒と同じように主体的な学びの姿が期待されているのです。みんなが一律に同じ研修内容を受け身で行うのではなく，自分の強みを伸ばしたり，弱みを高めたりするなど，自らが自分に必要な学びを選択していくことになります。いわゆる「個別最適な学び」といえるでしょう。

　「校長には，教員ときちんと話し合いながら，その教員の資質や能力を把握する力が一層求められる。今回の研修制度は，校長の力量が非常に問われる」と末松元文部科学大臣は閣議後の会見で述べています。校長は，教員の学びを管理強化するのではなく，教員の今後の生き方まで踏まえて学びに導くことが大切になってくるのです。

　私は，夏休みに先生方に自由研究をしてみようと呼びかけました。大人の自由研究です。自分の専門分野を高める，苦手分野を克服する，雑学的なことでもいいし，趣味特技でもいい。A4で1枚にまとめて提出としました。提出後，まとめて冊子にします。「新たな教師の学び」の先取りです。今後，自分の課題や進むべき方向を考える一助になるのではないかと思うのです。

06 授業力を高める

校長は，フットワーク軽く，学校中を歩き回ることが大切です。
よい授業や児童の活躍を発見するには，歩き回るのが一番。
校長室にこもると見逃すことが多々あって残念です。

全クラスの週プログラムを掲示する

　校長は，授業が学習指導要領に則った内容で計画的に行われているかを監督する義務があります。ですから，多くの学校では，次週の週案を提出することになっています。授業は教員の本分ですから，おざなりにはできません。

　私の学校では，どこの学級で，今どのような授業が行われているか一目でわかるように，職員室に全学級の週案を掲示しています。例えば理科の実験や家庭科の調理実習がある日は，怪我や事故などの危険防止の配慮があるかを見に行くことができます。また，面白そうな興味のある授業を見つけて見に行くこともできます。ホームページに載せる写真も撮り逃すことがありません。また，これは１つの危機管理になるとも考えています。何か担任に急に連絡するようなことがあり，教室に行っても教室はからっぽ，どこで授業しているのだろうというときに移動教室先などがすぐにわかります。空き時間の教員も一目でわかるので，いざというときに迅速に補教を頼むこともできるのです。

1日2回ほど　できる限り授業を見回る

　やはり授業を見るのは楽しいものです。私は，午前と午後に，出張などがある場合は午前に2回，校内を歩きながら授業の様子を見て回ります。

　先生や子供たちには，「授業中に教室にふらっと入ってくることがあるけれど，透明人間だと思って，気にしないこと」と話しています。もちろん，挨拶も不要です。先生方には，座席表を提出してもらっているので，生徒指導部会や特別支援部会で名前が出てくる児童を見ることもできます。

　先生方にとっては，少々目障りな訪問かもしれませんが，普通に，正当な授業を行っていれば何も緊張することはないはずです。いいかげんなことや暴言，体罰などの抑止力にもなります。

　ここで得たベテラン教師の授業の技は全体に広めます。若手教師には自分ではなかなか気づくことのできない示唆を与えます。言葉づかいや表情，子供たちへの接し方などは授業の一部を見るだけでも十分にわかります。

　私は，行事などがなく落ちついた時期には，1時間丸ごと授業を見せてもらうようにしています。週案を見て，興味がある授業を見つけたときには，予告してからうかがいます。また，今日はぜひ見てもらいたいという授業があったら申し出てもらうことにしています。

　立って参観して授業に差し障るといけないので，私は小さなキャンプ用の椅子を持参し，後ろの方で子供たちと一緒に授業を受ける形で参観します。子供目線で見ると，意外とたくさんの気づきがあります。

　研究授業のように練りに練った授業よりも，日常の授業を見る方が，教師の力量や児童の実態をより把握することができると思います。

　発問，板書，子供とのやりとりなどを見て，その日のうちにフィードバックしています。よいところを7割，改善すべきところを3割くらい，授業を見ながら思ったことを書いて渡しています。

07 業務を改善する

業務の内容を精選して，あるいは効率的なやり方に変えて，業務に費やす時間を縮小できれば，先生方に余裕ができます。上手な時間管理も校長の大事な仕事です。

働き方改革

　業務を改善し，子供たちに向き合う時間を増やすことが目的である「働き方改革」が推奨されて数年が経過しました。実際に，子供たちのためにと，長時間勤務をする教員が疲労し，困難に立ち向かうことができなくなり，休職ひいては退職を余儀なくされる姿を幾度か見てきました。子供たちに向き合う時間はおろか，自分を労る時間さえないほど多忙極まりないのが現状です。校長は，児童に寄り添うことはもちろん大事ですが，それよりも教職員に寄り添うことの方がもっと大事です。教職員が心身ともに健康であって初めて児童に向き合うことができるからです。自分の学校から，心が折れて長きにわたる休職や退職をするような職員を1人も出したくないと思うのです。一人ひとりが教師という職に期待をもって教壇に立ったはずなのですから。

業務改善の三段階　止める　減らす　変える

　何を止めたり，減らしたり，変えたりできるのか。それを判断するには「それは何のためか」「本当に効果があるのか」「効果があるとしても，よく

ばりすぎてはいないか」を考えてみようと教育研究家の妹尾昌俊さんがあるセミナーで語られていました。また，千葉県の公立小学校の松尾英明先生が書かれた『不親切教師のススメ』（さくら社）からも業務改善のヒントを得ることができます。

　本校の業務改善計画は次の通りです。
・習字の掲示をやめる（優劣がはっきり見えてしまう習字の掲示は，国語のテストを掲示しているのと同じである）
・靴箱やロッカーに名前は明示しない（出席番号をつけることで毎年そのまま使える）
・夏休みの宿題帳やプリントをなくす（自由研究など個々のやりたいことに時間をかけられるようにする）
・運動会は種目を減らして午前中で終わりにする（種目は団体競技と表現運動，リレーなど精選して練習時間を減らす）
・卒業式の練習時間を減らす（気持ちが入っていれば，細かいところを揃える必要はない）
・昼休みと掃除を合わせて40分だったものを，昼休み20分の日，掃除20分の日に変える。（毎日20分早く下校できるので，１週間で100分時間をつくれる）
・高学年は教科担任制を適用する（３クラスなら理科，社会，家庭，図工を各担任で分担することで，授業の準備の負担が軽減される）

保護者への周知

　保護者の中には，業務改善を教員の怠慢だと考える方もいるようです。校長として，業務改善の意義を保護者に伝え，誤解のないように，保護者の理解を得ることが必要です。

08 学級崩壊を予防する

校長はトラブルを未然に防ぐことができる存在です。
トラブルが大きくなってから頭を下げて責任をとるよりも，
未然に防ぐことに力を注ぎたいものです。

教師の言葉による虐待が崩壊を生む

　教師の暴言や毒舌，いやみによって，学級が荒れることが少なくありません。体罰と同じように，暴言，毒舌，いやみは言葉の暴力です。教師による虐待と考えてもよいでしょう。そして，そこから教師不信，信頼関係の崩壊，さらに学級崩壊へと続いていくのです。

　ある日，校内を歩いていると，教室から大きな声が聞こえてきました。担任が子供たちを指導しているようです。廊下から聞いていると，どうやら物隠しがあったようです。ときに暴言や冷ややかな言葉が聞こえてきます。ここは指導すべきところですが，その指導の仕方が気になりました。

　休み時間にその担任が校長室に来ました。「先ほどはすみませんでした」と言うので，「何が『すみませんでした』なの？」と聞き返しました。
・声を荒げたこと
・指導が長すぎたこと
をあげたので，私はさらに次の2つを助言しました。

・やっていない子が不快感をもったのではないかという懸念があること

・指導の後に明るく切り替えることが必要だったこと（笑いをとるなど）

　同じようなことを繰り返していると，担任に対する不信感，嫌悪感が増長して，やがて学級崩壊につながりかねない事案でした。

　大声での指導は，脅しと同じで，そのときは怖くてわかったふりをしているだけということがよくあります。心に響く言葉で簡潔に全体指導し，該当する児童は個別に指導するという方法をとらなくてはなりません。

学級崩壊を予知する

　次にあげるような「荒れ」がある学級は要注意です。校長は保健室から情報を得て，教室の実態を見に行くことが必要です。授業はもちろんのこと，休み時間の様子も見る必要があります。

・欠席（不登校，登校しぶりなど）が多い学級

・子供同士のトラブルや物の破損，怪我などが多い学級

・体調不良で保健室に行く子が多い学級

・保護者からの電話や連絡帳による苦情が多い学級

・教室に落ちつきがなく，ざわついている学級

・きまりや時間が守れない学級

・教室が整理整頓できていない学級

・揚げ足をとるような冷ややかな言葉が聞こえてくる学級

　担任に寄り添いながら，一緒に改善を図るようにします。また，学年の先生方やいろいろな立場の教職員に協力を求め，早いうちに「荒れ」を収めたいものです。教室の「荒れ」はどこにでも起き得ることで，改善を経験することで学ぶことも多いのだということを伝え，励まし応援し続けましょう。

09 不祥事を根絶する

よくいわれているのが，不祥事を起こしそうになったら「家族が悲しむと思え」という言葉。
校長もまた，悲しませたくない存在になりたい。
校長の存在が抑止力になったらいい。

自己有用感をもたせる

　教員の不祥事はすぐに新聞記事になります。全体に奉仕するのが任務である公務員ですし，ましてや子供たちの模範になるべき職務ですから当然のことです。しかし，いくら教員といえども，人の子です。苦しいこともあるし，つらいことも多いこの仕事……心が壊れてしまい，理性ではわかっているはずの不祥事を起こしてしまうのでしょう。

　よくやるのが，不祥事に関する新聞記事を教職員に配付すること。こんなふうに処罰を受け，仕事を失うのだという見せしめ。あるいは，県民の信用を失う，公務員の名を汚す，学校長の顔に泥を塗る……などの教訓。せっかく採用されたのに仕事を失う，減給はおろか退職金もすべて失うこともあるという脅し（脅しでなく本当ですが）。いくらそういうことを言っても，理性を失ってしまった本人にはどうでもよいことなのでしょう。

　自暴自棄にならず，理性をもち続けるには，自分は愛されている，頼りにされている，必要とされている，認められているという自己有用感をもたせることが大事。そのために，日頃からの声かけや，たくさん「ありがとう」を言い続けることが不祥事根絶の第一歩なのだと思います。

以前，2年生で「ある日のくつばこで」（日本文教出版）という道徳の読み物教材を扱い，靴隠しはよくないという授業をした後に，靴隠しが何件か起きました。それまで靴隠しなんて知らなかった子が，そういういたずらがあるのか，と学んでしまったようです。

　不祥事防止のために教職員の不祥事の新聞記事を配っていますが，もしかしたら，悩める教職員が自暴自棄になって何かしたくなったときの参考になってしまうのではないかと，ふと思います。

疲労感より達成感が大きければ

　わいせつ，セクハラ，公金横領，体罰，交通事故……気が張っていて，何かに向かって真摯に取り組んでいるときに，こういう不祥事を起こす人はいないでしょう。

　校内授業研究会で授業者になると，指導案を1か月前くらいから書き始め，何度も検討したり，模擬授業をしたりして，本番の授業研に臨みますね。遅くまで，あるいは休日まで，1時間の授業のために，何時間も何日もかけて教材研究をしたり，教材づくりをしたりしてきたはず。そして，授業研が終わった後に，「やってよかった」という達成感があれば，それが励みになり自信にもなるのです。

　しかし，達成感より疲労感が強かったら……もしかしたら魔が差すこともあるかもしれません。疲労感がいつしか不祥事に結びつくことになります。

　様々な取り組みや行事も同様に，疲労感を上回るほどの達成感が味わえるように，校長としては，励まし労い，承認し，日々疲労していないか観察し，達成感を高めていきたいと思います。目の輝き，声の張り，足どりの軽さ，笑う頻度，言葉の使い方……人間ウォッチングを訓練し，教職員の疲労感に気づけるようにしたいものです。

10 各々の生き方を支援する

同じように採用されても，長い年月の間に多くの選択肢があり，どう選択するかによって教員人生は様々です。
校長は，やりたいことを明確化させ，そこへ向かう道を助言します。

人生設計のアドバイザー

　普通に小学校教諭に採用され，普通に勤めて，普通に一教諭として退職するというのが一般的な教員人生です。多くの教諭がたどる道です。一部の方は，本人が意図しなくとも教育委員会などの行政への道を歩むことになる場合があります。

　しかし，一教諭にも自分の意思によって人生を設計することができる機会があります。残念ながら，それを知らされないで，機会を逃してしまう教諭もいるはずです。校長は，そういう人生設計の機会をすべての教諭に伝えるべきです。目標申告の面談などで，どのように生きていきたいか人生設計のアドバイザーとなって相談にのり，次のような問いかけをするのです。そうやって，積極的に人材発掘をしましょう。

・生涯，教諭としてやっていくのか

・何を専門にしていきたいか

・教育論文を書いてみないか

・長期研修に挑戦してみないか

- ・こういう募集があるが興味はないか
- ・管理職を目指してみないか

　私も何度か長期研修や県の募集する施策などに応募しないかと校長から声をかけられたことがありました。それがどういうものなのか詳しく説明されずに即答を求められたため，照れや自己謙遜もあって，断ってしまった話がいくつかあります。今思えば，自分からもう少し説明を求めればよかった，そうすれば挑戦したかもしれなかったと後悔しています。

　ですから，校長は説明を怠ることなく，様々な機会を教職員に提供する必要があるのです。

校内人事や異動にも配慮を

　小学校教員として採用されたからには，1年生から6年生まですべての学年を受けもてなくてはなりません。若いうちにすべての学年を経験させたいと思います。しかし，その人その人で，健康や家庭の事情で配慮が必要な場合があります。通院，妊娠出産，子育て，介護等があって，どうしても○年生は受けもてないというときは，相談に応じます。

　校務分掌においても，特に希望がなければ，いろいろな仕事を経験させてみることも必要です。しかし，専門分野ややりたいことがはっきりしているときには，希望をかなえていきます。

　転出異動の際には，先方の学校で行っている研究や取り組みが本人の学びたいことと合致しているかなどを調べて伝えます。家が近いからとか，親しい人がいるからという理由よりも，意図的に異動して，自分の生き方を自ら決めていくことが大事であることも伝えましょう。

　どうしても希望通りにいかないこともあります。そういうときは，与えられた場所で精一杯活躍することで，次への門をたたくチャンスが巡ってくることがあります。どうあれ，自分の生き方は自分で決めるものなのです。

4章

子供との
関係づくり

01 子供向けに「校長だより」を書く

「学校だより」は保護者への文書。
「職員室だより」は職員への文書。
子供たちにも手紙を出したい。でも，全員に毎回印刷して配付するのはどうかなと思い，こうしました！

校長だより「若葉」

　全校朝会や行事ごとに話す「校長先生の話」。そのときどきで何を話そうかと一所懸命に考えて話すのですが，いったいどれくらい子供たちに伝わったのだろうかと思うことがあります。また，その日に欠席した子供には伝わらないことになります。

　そこで考えたのが，教室に1枚，「校長だより」を配付することです。話す前に読み原稿を書きますので，それを「校長だより」にすることは容易です（読み原稿を書いても，それを読み上げることはしません。なるべく覚えて，あとはそのときの雰囲気で話すようにしています）。行事のときだけでなく，子供たちに直接伝えたいことがあるときにも発行します。祝日の前日には，祝日の意味を記し，意味を考えながら過ごすことが大切だと伝えています。

　これを配付することで，担任の先生も校長の思いを知ることになります。教室の片隅に掲示してほしいと伝えました。低学年でも読めるように，漢字にはルビを振っています。また，保護者にも私の思いを知っていただきたいので，学校のホームページにも掲載しています。

若葉

令和4年4月7日（木）　No.1

始業式での話　　「自分」を大事に！

　大穴小学校に初めてきた4月1日，雨でしたがとてもきれいに桜が咲いていました。一つひとつの花を見ると，少しずつ大きさや色，咲き具合が違っていました。そんな桜は，子供たちと同じだなって思いました。みんな一人ひとりが，いいところがあって，苦手なこともあって，おとなしい子がいて，元気な子がいて，それが「自分」なんですよね。そんな自分のことを大事に，大好きになってほしいなと私は思います。

　桜を見ていると，花がいくつか固まってポコポコしているところがあります。これは，みんながお友達と仲良くしているところと似ているな。一本の木はまるでクラスのようだな。何本もの桜があって，校庭が桜に囲まれている様子は全校のみんなが集まったようだなと思います。

　大穴小学校のみなさん，一人ひとりも素敵。何人かが集まっても素敵。クラスとして集まっても，全員が集まっても素敵。そんな大穴小学校をみんなでつくっていきましょうね。

　今日は全校で集まれなくて残念ですが，避難訓練や運動会練習でみんなが集まれることを楽しみにしています。

02 全校朝会で道徳の授業を行う

全校朝会における校長の話。
短い時間だからこそ，何を伝えたいか明確にして，１年生から６年生までにわかりやすく話します。
話したことが定着しているか，その後が大事です。

10分という貴重な時間

　月に１回の全校朝会。５〜10分の「校長先生の話」があります。私は，この短い時間を校長による道徳の授業と考えています。相手は１年生から６年生までと幅広いので，簡単すぎず難しすぎない話をしなければなりません。だいたい中学年向けに話し，低学年は担任に説明を加えてもらい，高学年は担任にさらに深めてもらうようにします。

　話の最後に，宿題を出すようにします。一人ひとりに考えさせるものもあれば，学級で話し合って考えさせるものもあります。校長の話がその場限りのものにならないようにしたいと思うのです。

例えば「挨拶の意味を知って，進んで挨拶をしよう」

　例えば，挨拶がよくないと思ったときには，パワーポイントを使って挨拶の意味を伝え，「挨拶をするとどんないいことがあるのか」を学級で話し合う宿題を出しました。いろいろな考えが寄せられました。挨拶の意義を自分たちで考えたことにより，挨拶がよくできるようになりました。

若葉

あいさつを漢字で書くと「挨拶」

挨：心を開く
拶：相手に迫る

相手の心のドアを
ノックすること

じつは、あいさつには意味がある

6月の全校朝会　挨拶の意味を知って，進んで挨拶をしよう

「挨」という字は，心を開くという意味があります。

「拶」という字は，相手に迫るという意味があります。

そして挨拶には，それぞれ意味があるのです。

「こんにちは」には，「今日は，お元気ですか」

「こんばんは」には，「今晩は，ご機嫌いかがですか」

「おはよう」には，「お早いですね。今日も良い日を

おすごしください」「おはよう！　今日も頑張ろう！」

「さようなら」には，「もうそろそろお別れの時間です。

それならば，また会うまでごきげんよう」

「ありがとう」には，「そんなめったにないやさしさが

うれしいです」という意味が込められています。

挨拶は，お互いの心と心を開いて，やさしい気持ち

を伝え合うことができるすてきな言葉ですね。ちょっとの

勇気を出して進んで挨拶ができる子になってほしいと

思います。教室で，挨拶をするとどんないいことがあるか

話し合ってみてくださいね。報告を待っています。

こんにち□
こんばん□
□に
「わ」か「は」を
入れましょう。

おはよう
ございます

一年生で習う漢字が
一文字当てはまります。
どんな漢字でしょう。

さようなら

↓左様なら
↓そのようなら
「もうおわかれの時間の
ようです。・・・・」
どんな言葉を
続けたいですか。

ありがとう

漢字で書くと
「有難い」
なかなか無いこと
珍しいこと
そのことに感謝

03 一人ひとりと会話をする

子供一人ひとりを大事にしたいと願うなら，一人ひとりと関わりたいと思うのは当然です。
どうしたら多くの子供と関われるか，いろいろと作戦を立てるのは楽しいですね。

登校時がチャンス

　朝，昇降口の扉を開くのは教頭でしょうか。開くのを待っている子供たちに会いに行きます。早く登校してくる子供たちは，健全な子たちです。寄ってくる子と些細な話題でおしゃべりします。その後，遠巻きに見ている子たちのところへ行って，声をかけます。反応がよくなくてもよいのです。慣れてくると，反応してくれるようになります。

　待っている子たちが校舎に入っていった後は，学区の見回りに行きます。スクールガードの方に挨拶しながら，登校してくる子供たちとも挨拶したり，ちょっとした声かけをしたりします。泣く泣く登校する子や登校をしぶっている子がいたら，一緒に学校まで歩きながら，話を聞いてあげます。

　その後は校門にいます。遅れて登校してくる子に「よく来たね」と声をかけます。昇降口辺りで教室に入れない子が保護者と離れがたくてぐずっていたら「お預かりします」と声をかけ，なだめながら教室に連れていきます。

　「明日ぼくの誕生日なんだ」と言っていた子には，翌日「おめでとう」を忘れずに言う，そんなふうに子供たちとの会話を楽しむことができます。

校長室に呼び寄せる

校長室は敷居が高いところなのでしょう。でも，子供たちが訪れてくれるとうれしいものです。ちょっとした仕掛けで，子供たちを校長室に呼び寄せることができます。

【校長室にどうぞ大作戦】

・全校集会で『ええところ』（くすのきしげのり作／ふるしょうようこ絵，学研）という絵本の読み聞かせをした後に，自分のええところ（いいところ）を10個見つけて校長室に持ってくるという企画。必ず全員がワークシートを持ってくるようにしたので，受け取るときに，書かれた内容について会話ができます。

・児童向け校長だより「若葉」にて，ゴールデンウィークの前に祝日穴埋め問題を出しました。答えがわかった子は校長室で採点しますという企画。100点をもらってうれしそうにする子たちと会話ができます。

・校長室には絵本コーナーがあるので，雨の日など外に出ない休み時間に訪れる子がいます。椅子の数が少ないので定員8名，先着順です。読み終わった絵本の感想を聞くなど，会話ができます。

校長室はお説教される場所と勘違いしている子がいます。それでは子供たちにとってよいイメージがありません。私は，来客だけでなく，教職員，保護者，そして子供たちも気軽に訪れて，気ままに話をしていくサロンのような空間にしたいと思っています。

04 休み時間に校庭に出る

校長は屋外にも目を向けることが大事ですが，1人で回るのは寂しいものです。
でも休み時間なら，子供たちの様子を見ながら，あるいは，子供たちと一緒に楽しく見回れます。

休み時間は子供に会う

　子供が遊んでいる姿を見ていると，教室では見られない発見がたくさんあります。子供本来の素の姿を見せてくれるからです。校長は担任の目の届かない休み時間に，校庭に出て子供たちの様子を見に行くことが大切です。
（もちろん，担任も時間があれば，外に出て子供の様子を見ることで，子供理解が深まることは伝えます）

　「校長先生，こんにちは」「こんにちは」

　これで挨拶の習慣を身につけさせられます。

　「校長先生，逆上がりできるようになりました。見てください」

　「校長先生，二重跳び30回挑戦します。数えてください」

など，できるようになったことを見てもらいたい子から声がかかります。そんなふうにほめてあげる場面ができます。少しずつ，名前と顔が一致していきます。

　ときには，遊びに誘われたり，遊具に挑戦させられたりもします。

　「校長先生，鬼ごっこしませんか？」

　「校長先生，これできますか？」

ずっと一緒に遊んでいると，全体が見られないので，少しつきあったら離れるようにします。遊具も少しは触れるけれど，身の危険もあるので，

「子供の頃はできたけど，もう今はできなくなっちゃったよ。子供はすごいね。怪我しないように遊ぶようにね」

などと声をかけます。子供が遊んでいるときの方が遊具や校庭の隅々の危険箇所を見つけやすいでしょう。危機管理にもつながります。

　私が教頭として最初に仕えた校長は，千葉県市川市立二俣小学校の金子俊郎校長先生です。定年を控え最後の１年だった校長は，毎日，業間休みと昼休みにはジャージに着替え，運動靴を履いて校庭に出ていました。私も校長になったら，こんなふうに子供たちとふれあいたいと心に刻んでいました。

生徒指導にも有意義

　忘れてはならないのが，１人でいる子や，けんか，仲間はずれのような不穏な空気を見つけること。１人でいる子には，散歩をしながらなにげなく近寄り，話しかけます。不穏な空気があれば，なんとなく近寄ることで抑止力にもなりますし，「何かあった？」などと声をかけ，その様子を担任に伝えます。

　何はともあれ，休み時間の校庭にはいろいろな情報が満載。でかけない手はありません。

05 合理的配慮を施す

2016年に「障害者差別解消法」によって学校でも合理的配慮を施すことができるようになりました。
一人ひとりに寄り添った配慮ができるかどうかは，校長にかかっています。

校長室登校

　登校をしぶる子，学校に来ても教室には入れない子が増えているようです。教室には入れないけれど，別室なら登校できるという子もいます。保健室登校，職員室登校の他に，特に来客の予定がなければ校長室登校もありです。合理的配慮の１つです。

　そんなわけで，校長室に子供がいつ来てもいいように絵本やクイズの本・おもちゃ・紙や筆記用具・学習用プリントなどいろいろな物を備えています。

　ただし，あまり居心地がよすぎると教室に心が向かなくなってしまうので，私は私の仕事を淡々とやっていて，たまに話しかけるくらいです。ときどき飽きている様子が見られたら，教室に行こうかと誘います。飽きているときがチャンスです。飽きさせなければなりません。

多様性を認める

　何でも揃えるという時代は終わったのかもしれません。ランドセルの色は様々ですし，水着はラッシュガードも認めるようになりました。ひと昔前は，

夏休み明けに髪の毛を染めてきた子をどう指導しようかと悩んだこともありましたが，今は他人に迷惑をかけていない，学習や生活に影響がない，というなら大方は認める方向で考えています。「〜でなければならない」というところで子供が行き詰まっているならば「〜という方法ではどうか」と，できる範囲で個々に寄り添ってあげたいと思います。いくつか例をあげます。

①合理的配慮　その１

　教頭の頃に書写を担当していましたが，書写がある日に登校をしぶったり，登校していても習字道具を持っていなかったり，道具を貸してあげても書かなかったり，という子がいました。よくよく聞いてみると，作品を貼り出されるのが嫌だということがわかりました。

　「貼らないなら，書いてみる？」と聞いてみたところ，それなら書くということになりました。

②合理的配慮　その２

　登校をしぶりがちなAさんの保護者が，１組から２組にクラスを変えてほしいと要望してきました。学年途中で，１人だけクラスを変えるという前例がなくて迷いましたが，それで登校でき，学習の機会を保障できるならと考え，「２組登校」を許可しました。学籍は変えずに，実質的に２組に入るという対応です。

　懸念されることは，「どうしてAさんだけクラスが変えられるのか」と他の子が疑問をもつこと，また保護者の耳に入り「うちの子も変えてほしい」という保護者が多数出てくることでした。そこで，合理的配慮での個人情報の秘密保持により，理由を明かさないことにしました。学年の子供たちには，事情があってのことだから詮索しないように担任から指導してもらい，保護者からの問い合わせにも応じないことにしました。特に問題なく，Aさんは毎日登校することができるようになりました。

06 マイノリティの味方になる

 いろいろな悩みや問題を抱えた子供がいます。
なかなか気づいてあげられないもどかしさがあります。
子供たちの「助けて」のサインを見逃さず親身になって関わりたいものです。

やんちゃほどかわいがる

担任が手を焼いて困っているという児童こそ，校長が仲良くなるようにします。すぐには心を開いてくれなくとも，だんだんと話しかけているうちに，向こうからも話してくれるようになります。

教室に入れない，友達とすぐにトラブルを起こしてしまう，嫌なことはやらない，癇癪を起こすなどは，心穏やかでないサインなのです。学校中で一番暇な校長が相手をして，愛情をたくさん注いであげれば，そんなサインも少しずつ消えていくはずです。

通常学級にいる支援を要する児童

通常学級にも，保護者が育てにくさを感じている児童がいます。保護者が特別支援学級への移籍を望んでいるようなら，その手引きをするのが特別支援教育コーディネーターであり，その際，関係機関とのやりとりをするのが校長です。特別支援担当の方に教室に見にきていただき，検査につなげたり就学検討会で成否を図ったりと話を進めていきます。

特別支援学級を支援する

特別支援学級の子供たちは特別にかわいがってあげましょう。早いうちに名前と顔を一致させ，見守ります。頻繁に教室に顔を出し，一緒に活動して仲良くなります。そうすると，どのような性格なのか，何が好きで何が嫌いなのか，得意なことは何か，など児童理解が深まります。

虐待の発見，通報義務

体にあざや傷がある，家に帰りたがらないなど，虐待の可能性について普段から養護教諭や担任に注意深く観察してもらいます。

あざや傷がある場合には，写真を撮ります。家に帰りたがらない場合は，学校で預かります。いずれにせよ，児童相談所などに一報を入れ，迅速に対応してもらいます。親の虐待から児童を守れるかどうかは校長の判断次第です。

私が教頭の頃，何度か虐待事案で児童相談所にお世話になっていた男児がいました。ある日の夜の9時を過ぎた頃，彼が裸足のまま家を飛び出して，学校に逃げ込んできました。父親にたたかれて頰がはれあがっていました。「家にいたら殺されるところだった」と言っています。

校長はもう帰宅していましたが，私が電話すると，夕飯を調達して，すぐに駆けつけてくれました。もう児童相談所は対応していない時刻です。校長は，男児の許可をもらって警察に連絡し，男児を保護してもらいました。校長は警察までつき添い，男児は警察で一夜を明かし，翌朝，児童相談所に引きとられました。男児がそれを望んでいたのです。命からがら助けを求めてきたところが学校です。ときに学校は，こんな境遇の子供の駆け込み寺の役割を果たします。学校は，いつでも子供の味方でありたいと思います。

07 ときには授業をする

校長は，ぜひとも子供たちに授業をしましょう。
子供たちと対話しながら，校長の思いを伝えるチャンスです。
校長から言い出さなければできません。頼みづらいことですから。

校長も授業を

　月一度の全校朝会で校長の話がありますが，もっと子供たちと直に話がしたいと思いませんか。校長だって，かつては学級担任として授業をしてきたのですから。授業を通して，子供たちの反応を見たり，学級の様子を把握したりすることは，校長として意義のあることだと思います。

　その際，担任とよく話し合って，タイミングや内容を精選しなくてはなりません。担任の面子をつぶさないように配慮しながら，子供たちにとって必要で重要な授業を展開できるようにします。

補教に入ったら

　担任が出張や年休で不在になるときは，誰かが補教に入らなければなりません。教務主任や専科教員が補うことが多いですが，みんな忙しそうですし，すでに出払っていることもあります。そんなときは，校長の出番です。進んで補教に行きましょう。じっくり教室の子供たちと関われるチャンスです。場合によっては授業もすることができます。次ページで例を示します。

6年生に歴史の導入

歴史を学ぶ心の準備をしよう〜「命のバトン」と「国づくりのバトン」〜

　自尊心が低い日本人。日本を好きではない，日本のことをよく知らない，そんな子供たちが国際社会で活躍できるはずがありません。先人への感謝と日本人としての誇りを育むため，歴史を自分事として捉える導入の授業を行いました。（齋藤武夫先生の「日本が好きになる！歴史全授業」の追試）

　平均25歳で子供を産むとして，約800年前つまり31代前（775÷25＝31）までさかのぼると，自分にはおよそ21億人の祖先がいることになります。その中には，歴史的に活躍した人物だっているかもしれないし，そういう人と関わりがあったかもしれないでしょう。そして，21億人のうち，誰か1人でもいなかったら，自分はいないこと，奇跡的な命のつながりがあって，今ここにあなたが存在していることを伝えます。これを「命のバトン」といいます。

　日本は島国で，多少の渡来人はいましたが，長い間，ほとんど出ていく人も入ってくる人もいない国。他国からの征服もなければ滅亡もありませんでした。他の国は，支配する王が変わったり，国の名前が変わったりしていますが，日本はずっと日本。世界で一番古い国なのです。私たちの先祖が，日本という国を守り，発展させてきました。これを「国づくりのバトン」といいます。この「国づくりのバトン」を未来につなぐのは君たちです。

　歴史の学習は過去から学んだことを未来に生かしていく。それは，有名な人だけでなく，国民一人ひとり。みなさんもその1人。他人事ではなく自分事として考えてほしいと思います。これからの日本をよろしくお願いします。

08 日本の伝統文化に触れさせる

国際化が進む世の中ですが，将来，外国に赴く際，日本を語れないというのではお話になりません。
日本の伝統文化を体験することは，後世に残すためにも大事にしたいことの1つです。

祝日の前には祝日の意味を教える

　学習指導要領の社会科の6年生の内容に「『国会』について，国民との関わりを指導する際には，各々の国民の祝日に関心をもち，我が国の社会や文化における意義を考えること」とあります。祝日の歴史的な由来などを取り上げながら，よりよき社会，より豊かな生活を築きあげるために，すべての国民が祝日を祝い，感謝し，我が国の社会や文化における意義を考えることが大切であると解説しています。

　これ，6年生まで待つことはないと思うのです。低学年には難しい祝日もあるかもしれませんが，祝日の前日に，明日はなぜ休みなのか教えるべきだと思います。ですから，私は児童向けの校長だよりで，前日までに祝日について触れることにしています。

　そのときに，「こどもの日」は柏餅を食べる，「秋分の日」にはお墓参りに行って，おはぎをお供えするなど，どのような風習があるのか伝えます。昨今は，あまり家庭でも祝日の意味を考えず，ただ学校が休みだというだけのご家庭が増えているように思うのです。私は，ぜひとも子供たちに日本の伝統文化を受け継ぐ役割を果たしてもらいたいと考えています。

学校でできる風習は学校で

　例えば，七夕。本校の学区には竹林がたくさんあります。地域の方にお願いして，手ごろな笹をいただくことができます。短冊に願いを書いて吊るせるようにしておくと，子供たちはいろいろな願いを書くことができるのです。

　中秋の名月の前には，ススキを探し，校長室前の廊下に飾ります。

　お月見団子は，本物のお餅ではなく，紙粘土でつくったもので代用しました。

　「これ何？」とお月見の風習を知らない子も多いようなので，「中秋の名月」についても，児童向け校長だよりで紹介しました。（157ページ）

09 言葉を正す

荒れているクラスや学校を立て直すには，言葉づかいを正し
くすることも手立ての1つです。
それくらい言葉の力は大きいと思います。
校長から発信したいことの1つです。

美しい行いは美しい言葉から

「正しい言葉づかいができる不良はいない」
「言葉づかいの悪い善人はいない」
というくらい，言葉と行動は切り離せないものです。美しい言葉づかいがで
きる人は，行動も美しいはずなのです。教師たるもの，子供たちの模範とな
るように言葉づかいを正しく，美しいものにしなければなりません。

名前には敬称を

　人のことを呼び捨てにするのと，敬称をつけて呼ぶのでは，後に続く言葉
も違ってきます。
　「○○さん，そこをどいてくれませんか」
ということを，呼び捨てにして言ってみると，
　「○○，そこどけよ」
となってしまいます。「○○さん，そこどけよ」とは言いませんね。人を呼
び捨てにせず敬称をつけることは，その人を大切に思い，尊重する気持ちに

つながるのです。

　それは，子供に対しても同じだと思います。私は担任の頃から，子供のことを呼ぶときには，必ず敬称をつけるようにしています。教職員にも，そうするように言い続けています。また，子供たちにも，授業中には敬称をつけて呼び合うことをすすめています。休み時間は仲間同士，呼び捨てでもかまわないと思いますが，授業という公の場では敬称をつけることで，公私を使い分けるということも学ばせられると思います。

目上の人と話すとき

　「先生，これどうするの？」と子供が言ったとき，違和感を覚えますか。違和感をもつようにならなくてはいけません。教師と子供は対等な関係ではないのです。教える立場と教えられる立場。立場をわきまえた話し方を身につけさせます。

　「『どうするの？』ではなくて，先生には何と言ったらいいですか？」と聞き返し，「先生，これどうしたらいいですか？」と言い直させます。これは担任にもお願いしています。低学年でも，続けていけばできるようになります。高学年になったら，自分の両親のことは「父」「母」と呼ぶことを教えます。「お父さん」「お母さん」という言い方は，両親を尊敬して呼ぶ言い方であって，他人と話すときは身内を尊敬する言い方はおかしいのだということを伝えます。

　以前，私が教諭の頃，「校長先生，おはよう。もう入っていい？」と子供が校長に向かって言っていたので，「『おはようございます。入っていいですか？』でしょう」と私が指摘したところ，その校長は「いいんだよ，仲良しなんだから。ねえ」と言ったのです。私はびっくりしました。「親しき仲にも礼儀あり」という教訓はどこへいってしまったのか……。

　思えば，そこは殺伐とした，いわゆる荒れている学校でした。

10 活躍をほめる，応援する

全体を十把一絡げにほめるだけでは，子供たちの心には響きません。
個々のよさを見つけ，個々をほめ，応援したいと思います。
そのためには積極的な行動が必要です。

よいところを見つけたら担任に報告

　学校を回っていると，子供たちのよいところがたくさん目に入ってきます。子供たちは，担任の目が行き届かないところでも，ちゃんと活躍しているのです。些細なことでも，担任に報告します。そのために，何年何組の誰なのか，聞いてメモしておく習慣があるとよいですね。

　そして，担任からその子に「校長先生が，○○さんが困っている子を助けていたところを見ていて，ほめていたよ」と話してもらうのです。人は，直にほめられるのもうれしいですが，口伝えでほめられるのもまたうれしいものなのです。

　私は，本市の教育長から教えていただいた，子供のほめ方5つを常に心しています。ほめることがなかったら，ほめる機会をつくればよいのです。

　1　即ほめる

　2　明るくほめる

　3　絶対評価でほめる

　4　期待にそってほめる

5　探してほめる

校内放送でもほめる

　「即ほめる」ためには，校内放送が有効です。給食中（今は黙食なので）は大事な話が伝わりやすいと思います。たったの30秒くらいでも，効果的にほめることができます。

　本校は，校庭の周りをぐるっと桜，銀杏，紅葉，プラタナスといった木々に囲まれています。秋口に全校朝会で掃除を一所懸命にしようという話をしたところ，翌日から，始業前に6年生の子供たちが進んで落ち葉掃きをするようになりました。そのことについて給食中に「6年生は，学校のために，係でも当番でもない人たちが朝から一所懸命に落ち葉掃きをしてくれています。学校が朝から気持ちよく始められますね。みなさん，いいお兄さんお姉さんがいてくれてうれしいですね。6年生，よい模範となっていますよ。ありがとう」と放送で話しました。その後，5年生，4年生も何人か掃き掃除に参加するようになりました。

対外行事に応援に行く

　高学年になると，合唱発表会，陸上競技会など校外に出ていく行事があります。部活動での対外試合やコンクールなどもあります。それが休日であることも多いのですが，校長は顔を出して，子供たちの活躍を応援することも大事な役割です。普段の生活では見られない子供たちの一面が見られるという楽しみもあります。子供たちに関心があって，自分の時間を費やしてまで出向いてくれるということを子供たちや保護者はとても喜んでくれます。時間の許すときは，積極的にでかけたいと思います。

5章

保護者・地域との関係づくり

01 情報を配信する

インターネットが普及し，どの家庭にも即時にメール配信が可能になりました。
緊急時はもとより日常の様子を家庭に知らせる手段としてホームページやメールを有効活用しましょう。

ホームページを日々更新する

　毎日校内を巡ると何かしら発見があり，自分だけにとどめておくのはもったいないと思い，保護者の方にも知っていただきたくなりました。そこで私は，「新着情報」を毎日更新することにしています。

　子供たちの行事や取り組み，授業の様子を写真2〜3枚とともに短い文章で紹介します。先生方の研修や，子供たちのために努力や工夫していることも掲載します。個人情報の漏洩には充分に気をつけ，顔や名前がはっきりとわからないように遠くからの写真や画質の荒い写真を使用したり，名札や記名の部分を消したりしています。

校外学習の際は経過報告を

　校外学習に引率した際には，学校メールにて子供たちの活動を家庭に配信しています。学校メールは，学校のパソコンからではなく，手元の携帯から配信できるようにしておきます。ただし，あまり詳しく配信すると，どのようなことをしたのか子供が保護者に話す必要がなくなり，保護者も子供から

聞く必要がなくなるので，簡単に活動内容を送る程度にしています。

　帰校の時刻が予定より大幅に遅くなるときは，必ず予定到着時刻を知らせ，場合によっては，学校へのお迎えをお願いすることもあります。

- ・3年生校外学習①
  渋滞のため少し遅れてふなばし三番瀬環境学習館に到着し，今は館内の見学をしています。天気がよいので，この後の干潟での体験学習が楽しみです。
- ・3年生校外学習②
  干潟では，いろいろな生き物と出会うことができました。お昼は冷房のきいた館内で食べ，出発までの時間，また館内を自由に回っています。この後，バスに乗り，学校に向かう予定です。
- ・3年生校外学習③
  予定では15:20に学校到着でしたが，渋滞のため学校到着が15:45頃になります。ご了承ください。

自然災害時の学校メール配信

　台風接近などで登校や下校の時刻を変更する場合は，学校メールを早めに配信する必要があります。

　明朝は台風の影響により悪天候が予想されます。児童の安全を考慮し，市の対応マニュアルに則って下記のように対応します。

- ・午前7時の時点で警報（暴風，大雨，洪水などのどれか1つでも）が発表されている場合は，臨時休業です。
- ・午前7時に警報が出ていなければ通常通りの登校です。ただし，ご家庭の判断で登校を遅らせるなど安全に配慮した対応をお願いします。その場合，遅刻扱いにはなりませんが，学校にその旨をご連絡ください。

PTA との連携を深める

PTA と学校が同じ方向を向いたとき，子供たちの教育活動がうまく進んでいきます。
学校が指針を示し，PTA の意向も受け入れながら手を取り合っていきましょう。

PTA との関わりを厭わない

特に本部役員の方々は，子供のため，学校のためと，忙しいにもかかわらず役目を引き受けてくださった保護者です。校務が忙しく，面倒なときもありますが，笑顔で積極的に関わりましょう。

PTA 総会から始まり，役員選出，定期的に行われる運営委員会，役員会，文書の決裁，PTA 主催の取り組みへの協力などがあります。PTA 役員になってよかったと思っていただける 1 年にしたいものです。

「地域の方との関わり方について，ご相談がありまして……」とやってきた本校の PTA 会長。聞くところによると，近隣 3 校が連携して活動することになっている学校支援地域本部の動きが，学校のためというより自分たちのためという思いが強く，学校への要望の方が強くなっていて困っているのだそうです。そこで近隣 3 校の PTA 会長に本校の校長室に来ていただき，困りごとを詳しく話していただきました。ここで話し合われたことを，2 校の校長に話し，上手に地域本部と関わる方向性を打ち出すことができました。

私は，場所と機会を提供しただけですが，3 人の PTA 会長からありがた

がられました。親身になって，少しでも突破口を見つけていければ，やがて大きな風穴をあけることもできるのです。最初の一歩を踏みだす勇気が必要になってきます。

一緒に子育てについて考える

　定期的にPTA役員の方と話す機会があります。できれば，ありきたりな話でなく，何か子育てのヒントになるような話をしたいものです。

　「苦情という形で敵対するのではなく，意見という形で共に最適な方法を考えていきましょう」ということを最初に表明しました。学校は，課題について何かしてもらうところでなく，一緒に答えを導いていく場であることを理解していただきました。

　また，家庭でのお手伝いという経験を大切にしてほしいという話もしました。子供が家庭の一員であり，家族のために行ったことで家族に感謝されれば，それが自己有用感につながり，やがて自信となることを伝えました。

　与えすぎ，守りすぎの子育てが，子供の成長のチャンスをつぶしているという話もしました。「子供は我慢することがあって，大人にはかなわないと思わなければ，大人になりたいと思わないのです。何でも思うようになって，ほしいものが何でも手に入ってしまったら，今のままでいることに満足し，向上心や将来の夢をもてなくなってしまうのではないでしょうか。また，大人が転ばぬ先の杖を用意してしまい，安心で安全な環境を整えすぎると，転んだときに自分で立ち上がれない子になってしまうのです。困難なことに出会わせて，自分で乗り越えさせる体験は必要なことなのです」という話です。

　そんな話をしていると，次第にPTA役員さんからの子育て相談がくるようになりました。子育てに正解はないので，何かのヒントになればよいと思いながら，相談にのるようにしています。

03 学校の応援団に感謝する

校長は億劫がらずに地域にでかけていき，学校のことを知ってもらうようにします。
普段から関わりをもっていると，いざ助けてほしいときに力を借りられるものなのです。

応援団を知る

　校長になると地域の様々な方との関わりが深くなります。そして，学校は学校だけでは成り立たないことを知らされます。地域の方に支えられ，愛されて，ここにあるのだということに感謝したいと思います。まずは，活動を把握するところから始めます。

【本校の学校応援団】

・ボランティアさん

　草刈りや修繕等の環境整備を進んで行ってくださいます。

　（靴箱のペンキ塗り，鉢の転倒防止柵の作成，七夕用の笹の伐採，

　木々の剪定など，こちらから要請しなくてもやってくださいます）

・民生委員

　子育てに困難を抱えている家庭（母子家庭，生活保護家庭，充分な食事を与えていない家庭，朝起きられず子供を学校に送り出せない家庭，子供に家事をさせるため学校を休ませる家庭など）を見回ってくださいます。

・おやじの会

お祭りや町内運動会等のイベントを企画，運営してくださいます。力仕事，修繕にもすぐに対応してくださいます。

（入水前日にプールの排水溝のネジがないことに気づいた際，数分後にはかけつけてネジをつけてくださいました）

・読み聞かせ

低学年の教室に週1回，朝の読み聞かせにきてくださいます。年に一度，1時間の「お話会」を全学年で企画してくださいます。

（コロナ禍はオンラインからスタートし，対面へ移行しています）

※他にも後述のスクールガードさん，学校評議員さん，地域のクラブ活動指導者さん，生活支援員さんなど多くの方のお世話になっています。

愛される学校になるために

　日常的に感謝の気持ちを伝えることはできませんが，会合があった際には，心を込めて挨拶をしましょう。名刺交換をして，早いうちに顔と名前を覚えます。校長のことも覚えてもらい，交友を深めます。

　できれば教職員や子供たちからもお礼を伝える機会をつくりたいものです。全校朝会に招いて感謝の気持ちを伝えたり，お礼の手紙を書いて渡したりします。子供たちから直にお礼をもらうことが，一番うれしいと思うのです。

04 地域の行事に参加する

働き方改革が叫ばれる中，地域の行事への参加は休日になりますが，これはもはや「仕事」ではありません。地域への恩返しです。
校長は参加することで感謝の意を表明します。

地域への恩返し

　地域の方が学校を応援してくださるのですから，学校も地域に貢献していきたいと思います。平日の活動にはなかなか参加できませんから，参加できるのは休日になりますが，校長となったからには，休日返上で参加することを厭わないようにします。

Ｆ市の取り組み「530（ごみゼロ）の日」
　5月30日（近辺の日曜日）は，Ｆ市総出で街中のごみ拾いをする日になっています。学校がステーションになり，ごみを拾った方たちが，ごみを持って学校の門に集まってきます。私はＦ市在住ではありませんが，Ｆ市で勤務する者として，また地域のステーションとなる学校長として，取り組みに参加しています。学校の子供たちも，保護者と一緒にごみを持ってきます。地域のために活動することで，郷土愛が芽生えることでしょう。これは，学校では教えられない大事な学びです。

地域は「土」，教職員は「風」

　学校が地域を変えようと思っても，地域の力にはかないません。なぜなら地域は歴史と伝統をつないできた「土」だからです。我々教職員は長くても7〜8年，校長に至っては2〜3年という短い期間だけそこに関わらせていただく「風」なのです。ですから，我々教職員は地域の考え方や価値観に合わせて関わっていくことが大切です。もしも，何か新しい提案をするのであれば，次の校長もその次の校長も引き継いでもらえるようなものでなければならないと思います。

　子供たちが成人して，この土地を離れることになったとしても，この土地が子供たちの故郷であり続けることが大事です。そして，この土地で学び育ったことを忘れずに，いつかどんな形であれ戻ってきたときに，学校が1つの思い出となるような教育活動をしていくこと。これが，校長の役目なのだと考えます。

地元に根差した JSC（junior sports club）活動

　F市は小学校においても部活動が盛んです。学校の教職員が部活動の顧問を任され，多大な時間と労力を費やしています。しかし，本校には部活動がなく，地域が母体となって，サッカー，野球，バスケットボール，バレーボール，ダンスなどの運動クラブチームが結成されています。

　学校は施設，設備を開放するだけです。試合や練習をときどきのぞきに行って，ときどき差し入れをしていますが，それでは申し訳ないくらい，日頃から子供たちを育てていただいています。

　すばらしいのは，ここで育った子供たちが大人になってから，コーチとして関わっていることです。このように郷土を愛する地域に勤務できたことを，とてもうれしく思っています。

---

05 スクールガードさんと仲良くなる

毎日，子供たちのために労を厭わずに登校指導をしてくださるスクールガードさん。
いくらボランティアとはいえ，頭が下がります。お礼をいくら言っても言い足りません。

労いと会話を心がける

　雨の日も暑すぎる日も，校門や交差点で安全のために子供たちを見守ってくださるスクールガードのみなさんがいます。みなさん，お仕事を引退されたご高齢の方ですが，学校や地域へのご奉仕ということでご協力いただいています。なかなかできることではないでしょう。

　私は朝，学区を見回るのですが，自分で3コースを決めて順番に歩きながら，スクールガードの方と会ったら，感謝の気持ちを述べて労い，必ず会話をするようにしています。学校の様子を聞かれることもありますし，気になる子供のことを話していただくこともあります。

　ある日のこと。
　「この頃，挨拶できない子が多くないか」
というご指摘があり，さっそく，挨拶をしようと全校朝会で話をしました。しばらく指導を続けると，
　「いやあ，校長先生。最近，子供たちの挨拶がいいね」
と言ってくださるようになりました。折しも子供たちの元気な「おはようご

ざいます！」という挨拶が聞こえてきました。そこへ通りかかったゴルフバッグを抱えた地域の方が，

「いい挨拶を聞かせてもらったから元気が出たよ。今日，コレなんですよ。なんかいいスコアが出そうだよ」

とニコニコしながら，でかけていきました。

さっそく，その日の給食時間に放送で，

「最近，みんな挨拶がよくできると地域で評判になっています。今日はゴルフの大会に行くおじさんが，みんなの挨拶から元気がもらえたと言っていました。今頃，優勝しているかもしれませんね」

と話しました。具体的なエピソードは子供たちの心に響きますね。

仲良くなるといいことがある

スクールガードは基本的に学校に協力的で，子供たちが大好きな方です。人生の先輩ですから，いろいろなことを教わることがありますし，学校のために動いてくださることもあります。早く名前を憶えて，仲良くなりましょう。学校の味方になってくださるので，力強い存在です。

あるとき，毎朝，校門で見守りをしてくださるスクールガードのAさんが，子供たちのためにと，カブトムシやクワガタムシをたくさん捕まえて持ってきてくださいました。なんでも朝3時に，頭に懐中電灯をつけて竹藪に入るそうです。ハチに刺されないように，網をかぶって防備もするそうです。飼いたいという学級に配りました。子供たちは大喜びです。お礼に菓子折りを差し上げたところ，またまた翌日にたくさん捕まえてきてくださいました。今度は個々にほしいという子にあげることができました。

06 地域住民からのクレームに対応する

校長はえらくて，いばっていて，いつも校長室にいる……と
いうイメージは払拭しましょう。
威厳でモノを言う時代ではありません。
共に考え共に動く，そんなリーダーでありたいです。

誠心誠意対応する

・学校の木の枝が我が家まで伸びている
・学校の落ち葉が我が家の敷地にたくさん落ちている
・運動会の練習がうるさい
・子供たちが道路に広がって歩いている
・公園で危ない遊びをしている子がいる
・コンビニの駐車場で遊んでいる子がいる

　などのクレームが入ります。たいていは教頭が対応し，対応しきれなくなったときに校長の出番となります。木々に関することは施設課に頼んで剪定してもらったり，用務員やボランティアさんに協力を仰いだりします。行事については，声や音楽の音量を絞ったり，時間帯を考えたりします。登下校の歩き方や放課後の遊び方については，校内放送で注意喚起したり，PTAの校外安全部に協力をお願いしたりします。ひどい場合には，メールなどで家庭にも注意喚起します。

　耳に入ったことはスルーせずに，何らかのアクションを起こすことが大事です。ありがたく受けとめ，指導に生かしていくことが大事です。

学校が「関わらないこと」「できないこと」をはっきりさせる

　しかし，それは学校の問題ではないだろうという事案も多々あります。

・マンションのエントランスのガラスを割った

・お店のものを盗んだ

　放課後に起きるこのような事案で学校に連絡が入ったら，保護者に連絡し，学校が関わる必要はありません。担任にも保護者に事実だけ伝達し，あとは家庭に任せるように伝えています。警察に被害届が出されても，関わるのは保護者です。

【地域住民からのクレームの対応】

　「下校中の児童に車のミラーを傷つけられた。子供を特定してほしい。特定できないのなら学校が弁償しろ。ついでに言うが，黄色い旗を持って車の通行を止めるのは違法だからやめろ」

〈私の返答〉

　「学校では児童の特定はできませんでした。接触事故があったときは，ご自身で警察に連絡することをおすすめします。ただし，運転手には，学校付近の道路で登下校時刻に児童が歩いている際は，安全確保，事故防止に努めなくてはならない義務があるため，警察を介して話し合いになれば，10対0で児童が悪いということにはならないようです。運転手にもなんらかの罰則があると思います。ご承知おきください。

　また，道路交通法第14条に，『幼児，児童が登下校する際，誘導，合図などが必要と認められる場所において，関係者は幼児や児童が安全に道路を通行できるように努めなければならない』とあるので，黄色い旗持ちは違法ではありません」

　（市の市民安全推進課に尋ねたところ，警察に問い合わせて調べてくれました。法を知っているということはとても大切なことです）

6章

学校だより・職員室だより・校長だより

01 学校だより

校長としての見解や願いなどをストレートに伝えることができる一番のツールが「学校だより」ではないでしょうか。
１か月に１回の貴重な機会を大切にしましょう。
実例も載せているのでご覧ください。

季節などの挨拶

まずは時候の挨拶から始めます。４月でしたら，次のような感じです。

・校庭の桜が満開になり，あたたかな日差しが降り注ぐ中，……
・春を待ちわびたように美しく咲き誇る花々に迎えられ，……
・木々は一斉に芽吹き，春の花が色とりどりに咲く中，……

先月と今月の取り組みについて

先月行われた主な取り組みや行事について触れ，子供たちの活躍の様子を
伝えます。また，保護者の協力があった場合には感謝の気持ちを表します。

・前日の準備や当日の見回りなどにご尽力いただいたみなさま，マナーよく
　譲り合って参観してくださったみなさま，誠にありがとうございました。
・演技や競技にひたむきに臨む子供たちの姿は，我々大人に感動を与えてく
　れますね。速い遅い，うまいうまくないではなく，その子なりの全力が感

動につながるのでしょう。

　次に，今月行われる予定の取り組みや行事について触れ，見通しをもってもらいます。その意義やめあてなども伝えるとよいでしょう。ご理解，ご協力をお願いします。

・42日間の夏休みが目前に迫っています。夏休みは，日頃なかなかできない体験をすることのできる絶好のチャンスです。興味のあることについて詳しく調べてみる，やってみたいことに挑戦する……など，今から何をしようかと計画してみると楽しいですね。

保護者に伝えたいこと

　ここが一番大事なところです。学校と家庭が同じ方向を向いて子供たちを教え導くことが大事なのです。家庭でしかできないこと，学校でやっていることで家庭でもやってほしいと思うことなどを伝えます。

・これからゴールデンウィークに入ります。祝日の意味を考えながら，季節を感じたり，日本の伝統文化を体験したり，古人の考えや歴史を紐解いたりして，過ごしていただけたらと思います。
・いろいろな「お手伝い」をたくさん体験させてあげてほしいと思います。「お手伝い」は，家事のスキルや習慣を身につけるだけでなく，子供の「自己有用感」を育むことができるのです。お手伝いをしてくれたら，必ず感謝を伝えてあげてください。そうすると，一緒に暮らす家族にとって自分は役に立っているという実感がもてます。それが「自己有用感」です。

4月　新たな気持ちで

　校庭を囲む大穴桜にあたたかな日差しが降り注ぐ中，子供たちの明るい笑顔とともに令和4年度が始まりました。春の佳き日に，お子様の進級・入学まことにおめでとうございます。

　私は，今年度12名の教職員とともに大穴小学校に着任いたしました校長の藤木美智代と申します。保護者のみなさまや地域の方々に支えられ，創立52年の歴史と伝統を受け継ぐ本校に携わることに大きな喜びを感じております。その一方で，与えられた責任の重さに身の引き締まる思いもあります。

　本校は，「新しい時代にはばたく，心豊かな児童の育成」を学校経営の指針としています。学校教育目標は，「よく考え，すすんで学ぶ子」「思いやりをもって，人と関わる子」「体をきたえ，がんばる子」です。変化が激しく，答えが1つではない多様性が求められる社会の中で，心身ともに健康で文化的な社会生活を営むことができるよう，日々の教育活動を充実させていきたいと思います。

　また，私といたしましては，大穴っ子みんなが「自分が大事，友達が大切，そして学校が大好き」と思える児童になってほしいと考えています。そのために，一人ひとりの自己肯定感を高め，人と関わる力を身につけ，自分で考え主体的に行動できる力を伸ばしていきたいと思います。

　いまだコロナ禍にあり，様々な場面で制限や我慢が強いられることもあるでしょう。しかし，教職員一同，力を合わせ，できることを考え，「笑顔の登校，満足の下校」の毎日を送ることができるよう，工夫しながら安全で安心できる学校を築いてまいります。

　保護者のみなさまのご理解，ご協力をいただけますよう，どうぞよろしくお願いいたします。

5月　温故知新

　校庭の桜は新緑になり初夏を感じる日もありますが，雨の日が例年より多いような気がします。4月下旬から5月初旬は二十四節気では「穀雨」といわれ，野菜やお米を育てている田畑にとっては恵みの雨ですから，雨には感謝したいと思います。

　子供たちはすっかり新しい学年に慣れ，学習や生活において充実した毎日を送っています。(大穴小学校ホームページ「新着情報」を日々更新していますのでぜひご覧ください)

　これからゴールデンウィークに入ります。祝日の意味を考えながら，季節を感じたり，日本の伝統文化を体験したり，古人の考えや歴史を紐解いたりして，過ごしていただけたらと思います。教室に配付している校長だより「若葉」でも，祝日について子供たちに伝えました。未来の日本を担う子供たちに，伝統文化，風習などをぜひとも受け継いでいってほしいと願っています。

　さて，新型コロナウイルス感染症の感染者数は下げ止まりといわれていますが，感染対策を講じた上で，少しずつ教育活動の制限が緩和されつつあります（運動会についての文書を本日配付しています。昨年度より，前進した形で行う予定です）。3年前までの学校教育活動を見直しつつ，3年前に戻るのではなく，これからはこうしていこうと未来の話をしたいと思います。「故きを温ねて新しきを知る」という言葉のように，今までのよいところは残しながら，家庭，地域，学校が同じ方向を見据えて，新しい学校を共に築いていきましょう。今後ともご理解，ご協力をよろしくお願いいたします。

６月　心を開いて相手に迫る「挨拶」

　５月28日の運動会では，感染予防対策にご理解，ご協力いただいた上での参観をありがとうございました。演技や競技にひたむきに臨む子供たちの姿は，我々大人に感動を与えてくれますね。速い遅い，うまいうまくないではなく，その子なりの全力が感動につながるのでしょう。たくさんの拍手をいただき，子供たちも満足だったことと思います。前日の準備や当日の見回りなどにご尽力いただいたみなさま，マナーよく譲り合って参観してくださったみなさま，誠にありがとうございました。子供たちは，運動会からたくさんのことを学びました。学校行事の大切さを改めて感じます。今後もコロナ禍であってもできる方法で，学校行事の充実を図ってまいりたいと思います。

　さて，先日スクールガードの方から，挨拶しない子が多いというご指摘をいただきました。

　マスクで顔を覆っているので，内にこもってしまうのでしょうか。ちょっと残念でした。

　挨拶は良好な人間関係を築いていく上での基本です。挨拶という漢字の「挨」には「心を開く」，「拶」には「相手に迫る」という意味があるようです。心にドアがあるとしたら，トントンとノックするような感じです。勇気が少なからず必要ですね。

　今年度，学校教育目標の目指す児童像を「思いやりのある子」から「思いやりをもって，人と関わる子」に変更しました。思いやりを実践するには人との関わりが必要になってきます。関わる最初の一歩が「挨拶」なのではないかと思います。

　教職員，保護者，地域の方など，大人も心を開いて相手に迫る挨拶を率先して行い，子供たちのよき模範となりませんか。そして，大穴小学校が，いいえ大穴地区が挨拶あふれるコミュニティとなることを願います。

7月　お手伝いのすすめ

　梅雨に入ってからも晴れの日が続き，あっという間に梅雨明けとなりました。梅雨入り前の方が雨の日が多く，梅雨らしかったですね。おかげさまで学校では，水泳の授業が順調に進められています。今後も，コロナの感染予防と並行して熱中症予防についても細心の注意を払い，教育活動を行ってまいります。保護者のみなさまのご理解，ご協力をよろしくお願いいたします。

　さて，42日間の夏休みが目前に迫っています。夏休みは，日頃なかなかできない体験をすることのできる絶好のチャンスです。興味のあることについて詳しく調べてみる，読みたかった本を読む，行きたかったところへ行く，やってみたいことに挑戦する……など，今から何をしようかと計画してみると楽しいですね。

　私は，ぜひ，いろいろな「お手伝い」をたくさん体験させてあげてほしいと思います。「お手伝い」は，家事のスキルや習慣を身につけるだけでなく，子供の「自己有用感」を育むことができるのです。お手伝いをしてくれたら，必ず感謝を伝えてあげてください。そうすると，一緒に暮らす家族にとって自分は役に立っているという実感がもてます。それが「自己有用感」です。家族から「ありがとう」と言ってもらえるたびに，自分の存在が尊重されるので，自分に自信がもてるようになるのです。こうして得られた自信は，お手伝いだけでなく，たくましく生きる力や学習意欲，良好な人間関係づくりにも波及していくことでしょう。お手伝いには，こんな力が秘められているのです。

　これからも暑い日が続くようですが，生活のリズムを整え，充分な睡眠，バランスのよい食事，無理のない体力づくりを意識して健康に過ごしましょう。そして，楽しく有意義な夏休みをお過ごしください。

9月 「真剣」に取り組むことの大切さ

　ふと空を仰ぎ，風を受け，虫の声に耳を澄ますと，秋の気配をそこここに感じるようになりました。長かった夏休みも終わり，今日からまた通常の学校生活が始まります。

　夏休みはいかがでしたでしょうか。お手伝いはたくさんできましたか？

　まだまだ残暑の厳しい日が続きそうですが，1日も早く生活のリズムが整いますよう，ご家庭でのお声がけをお願いします。また，日々の健康観察，早めの対応により，感染症拡大予防にもご協力ください。学校においても，感染症，熱中症の予防対策を万全にしていきたいと思います。

　さて，9月からは校外学習をはじめ，様々な行事や取り組みが予定されています（新型コロナウイルス感染症の状況によっては，変更もしくは延期，中止となることもあります。ご了承ください）。日常の学習はもちろんのこと，一つひとつの行事や取り組みにおいて「感動」を味わえるように子供たちを導いていきたいと考えています。

　なぜなら「感動」は人を成長させるからです。行事や取り組みにおいて感動できるかどうかは，その過程においてどれほど「真剣」であったかに関わってきます。「真剣」とは，「心を込めて本気で取り組むこと」です。いいかげんに，適当に，自分に甘んじて取り組んだのでは，感動も成長もありません。何事にも「真剣」に取り組み，だからこそ味わえる「感動」と，そこにある「成長」を積み重ねていくことは，子どもたちのこれからの人生にとってとても大切なことなのです。

　教職員もまた一丸となって「真剣」に教育活動に向き合い，子どもたちと共に「感動」を共有できるよう指導にあたります。保護者のみなさま，地域のみなさまにおかれましても，今後ともご理解，ご協力，お力添えをいただけますよう，よろしくお願いいたします。

10月　個性を伸ばす，その前に

　台風接近に翻弄される9月でしたが，みなさまのご家族，ご親戚などに被害が及んでいらっしゃいませんでしょうか。懸念しております。最近ではだんだんと日が短くなり，虫の声がさかんに聞こえてきます。日中はさわやかな秋晴れのもと，子供たちは元気に教育活動に励んでおります。

　保護者のみなさまにおかれましては，新型コロナウイルス感染症拡大防止対策にご協力いただき，誠にありがとうございます。おかげさまで本校でも感染が下火になり，落ちついて学習に向かうことができています。校外学習も秋季市民陸上競技大会も無事開催されました。10月・11月も校外学習，宿泊学習に出向く学年がおりますので，引き続き感染予防にご協力いただけますようよろしくお願いいたします。

　10月は1年の折り返しです。前期の振り返りとして通知表をお渡しいたします。これをもとに後期のめあてを立て，充実した後半となりますようご家庭でも話し合われてみてください。

　さて，大穴小学校の子供たちですが，修学旅行，校外学習，市民陸上競技大会など校外に出向いて学習，活動する場において，礼儀正しく，よくルールを守っており，関係者の方からおほめの言葉を頂戴することが多々あります。これは，一朝一夕で身につくものではありません。日頃から，挨拶や言葉づかいに気をつけ，自分の行いが人の迷惑にならないか考え，思いやりの心をもって生活しているからこそできることです。とかく個性を伸ばすことが望まれますが，「個性」とは，このような人としての基礎基本を身につけてからでないと伸ばせるものではありません。個性と自由奔放はまったく別物です。「躾」とは「身を美しくする」と書きます。きちんと躾けられ基礎基本をしっかり身につけたら，今度は「自分らしさ」を追求し，個性を伸ばしていきましょう。しっかりとした土壌からしか，大きくて美しい花は咲かないものなのです。

11月　読書は心の栄養

　先日の親子奉仕作業では，たくさんの保護者のみなさまにお集まりいただき，誠にありがとうございました。おかげさまで学校がとてもきれいになりました。新型コロナウイルス感染症が収まっていることから，学校では校内音楽会，マラソンの取り組みを実施することにいたしました。両行事とも，今年度は保護者の方の参観は見合わせることにいたしました。ご理解，ご了承ください。

　さて，スポーツの秋，食欲の秋，芸術の秋などといわれますが，学校では主に「読書の秋」をすすめております。図書委員会が中心になって，「読書まつり」を行っています。

　6年生が4月に行った全国学力・学習状況調査では，本校の児童は読書が好きで，よく読書をすると答える児童が多いことがわかりました。ゲーム，ICTの普及によって活字離れが叫ばれている中，とてもよいことだと思います。

　人の一生には限りがあり，世の中のすべてを知り尽くすことは不可能です。1人の人間が経験できることは，世の中で起きていることの中のほんの一握りです。しかし，読書をすることによって，自分では実体験できないことを体験することができます。その未知との出会いが将来の方向性を決めることもあります。また，いろいろな立場の人の考え方や生き方を知ることによって，相手の気持ちを考えられたり，多角的なものの見方ができるようになったりします。何か重大な選択を迫られたときに，本で読んだことが生きてくるかもしれません。読後すぐには効果がなくても，心の奥にたくさんの栄養をためておくことが，これからの自分を豊かに，実りあるものにしていくに違いありません。ご家庭でも，テレビを消して，ネットを遮断して，家族みんなで本を読みふける時間を設けてみてはいかがでしょう。「うちの子，本を読まないんです」と言うのなら，本を読む環境を設定することが一番です。大人もまた読書によって，心に栄養を蓄えませんか。

12月　愛される学校を目指して

　落ち葉の時期がようやく終わり，木枯らしの吹く頃となりました。校庭では子供たちがマラソンに励み，教室からは子供たちの歌声が響いてまいります。やっと学校らしさが戻ってきました。しかし，まだまだ予断を許さない状況でありますので，引き続き感染防止対策にご協力いただきますようお願いします。

　さて，11月19日（土）の授業参観には，多くの保護者のみなさまにご来校いただき，誠にありがとうございました。また，授業への集中と感染防止の観点から廊下等での私語を慎んでいただきました。ご協力，ありがとうございました。子供たちの真摯に学ぶ姿をご覧いただけたことと思います。

　11月20日（日）の「船橋をきれいにする日」に地域のごみ拾いに参加してくださったみなさま，ありがとうございました。特に子供たちの参加がたくさん見られ，うれしく思いました。学校の周りにお住まいの方に，学校の落ち葉でご迷惑をおかけしていることをお詫び申し上げましたところ，「自然の摂理だから仕方ないですよ。気にしないでください」「春には桜，秋には紅葉を観させていただいていますから，落ち葉くらい掃かせてもらいますよ」とやさしいお言葉を頂戴いたしました。大穴小学校は地域から愛されているのだと，改めて実感いたしました。ますます愛される学校を目指してまいります。

　今年も残すところ1か月となりました。冬至には，カボチャを食べたり，ゆず湯に入ったりする風習がありますね。年の暮れには，新年を迎えるための準備をすることでしょう。新しい年の神様である「年神さま」を迎えるために家中すみずみまで大掃除をしたり，お正月飾りや年賀状の準備をしたり，おせち料理をつくったりお餅の用意をしたりと，日本の伝統文化をご家庭で学ぶよい機会です。これらは学校ではできない学びです。冬休みにはぜひご家庭で体験させてあげてほしいと思います。そして，よいお年をお迎えください。

1月　節目を大切に

　穏やかな日差しの中，新しい年を迎えることができました。

　明けましておめでとうございます。昨年はいろいろとご支援，ご協力ありがとうございました。本年もどうぞよろしくお願いいたします。

　新年を迎えると，心が改まりますね。普段と同じように1日が明けるだけなのに，12月31日から1月1日に変わるときというのは，なにか厳かな気持ちになります。それは時間の流れの「節目」だからではないでしょうか。この「節目」には，パワーがあるように思えてなりません。それは「自分を変えるチャンス」をはらんでいるからではないかと思います。新しい気持ちになって，何かを始めようと決心したり，こんな1年にしたいと思いを馳せたりするのにふさわしいとき。「1年の計は元旦にあり」とはよくいったものです。

　「でも続かないのですよね」「3日坊主でしてね」という方も多いでしょう。私も同じです。でも，そう思うときにある校長先生の言われた言葉を思い出します。それはとても希望のもてる言葉です。「3日坊主も10回やればひと月続く」と。3日続けることができれば，休み休みでもどうにか続けられそうではありませんか。1年の計は，1年かけて，ぼちぼち続けていきましょう。

　今年度も残すところ3か月。まずは，この3か月にやるべきこと，やっておきたいことを成し遂げましょう。来年度の新しいスタートに向けての準備の3か月とも思えます。

・よく考え，進んで学ぶ子になっていますか？

・思いやりをもって，人と関わる子になっていますか？

・体をきたえ，がんばる子になっていますか？

　寒い日が続くと思いますが，充分な睡眠とバランスのよい食事，そして適度な運動を大切に，体力や免疫力をつけて，この冬を元気に過ごしましょう。春はもうすぐです。

2月　耐雪梅花麗（雪に耐えて梅花麗し）

　寒い日が続いていますが，もうすぐ立春です。暦の上では春を迎えます。冷たい風の中にも，生き物のうごめき，草花の芽吹きを感じさせるあたたかさをふと感じることができます。梅の花もそろそろ開花する頃でしょう。

　この時期になると，幕末，薩摩藩の武士であった西郷隆盛の詠んだ「雪に耐えて梅花麗し」という漢詩を思い出します。これは，厳しい雪の寒さに耐えるからこそ，梅の花は美しく咲くということ。転じて，試練や苦悩に耐えて乗り越えれば大きな成長があるということが伝わってきます。

　子供は生まれたときにはすべて親に依存していますが，少しずつ自分でできることを増やしていき，やがては親から自立できるように育てます。学校でも，上の学年になるにつれ自分たちでできることは子供に任せていきます。親切心から，あるいは大人がやった方が早くてうまくできるからという理由で子供ができることを大人がやってしまうこと，よくありますね。実は，それが子供の成長を妨げてしまうことになってしまうのです。

　例えば，何かお子さんに困ったことがあると，すぐに保護者が学校に対応を求められることがあります。それよりもまずは困っていることを友達や担任などに自分から相談し，解決の糸口を自分で探すこと。それが，生きる力になり，大きな成長につながります。大人は見守り，相談役やアドバイザーになるといいでしょう。

　子供たちに，耐えられるくらいの試練や苦悩を少しずつ味わわせていくこと，これも大人の愛情なのではないかと思います。

3月　2匹のカエル

　いよいよ3月。学年末を迎えました。校庭の桜のつぼみは赤みを帯び，今にも咲かんとふくらんでいます。時折，あたたかい春の風を感じます。

　さて，この3月には「2匹のカエル」を意識して生活してほしいと思っています。1匹目のカエルは振り返る（ふりカエル），2匹目のカエルは迎える（むカエル）です。ぜひ，お子さんと一緒に2匹のカエルについて話し合ってみてください。

　まずは，4月から今までの自分はどうだったか振り返ってみましょう。できるようになったことがたくさんあるでしょう。それは1年間がんばった宝物ですから，誇りにしてください。自信につなげてくださいね。がんばったけれど，まだまだうまくいっていないこともあるでしょう。それは反省点として，来年度の課題にしていきましょう。決して他の子と比べる必要はありません。1年前の自分と比べて，少しずつ成長できればよいのだと思います。

　そして，次の4月を迎える準備です。持ち物の整理や整備など，身の回りをきれいにすると，清々しい気持ちになりますね。走る前に準備運動をするように，新学期というスタートラインに立つ前に心の準備をするのが大切です。4月の始業式（6年生は中学校の入学式）を晴れ晴れと迎えられる心を育てておきましょう。

　保護者のみなさまにおかれましては，今年度も様々なご理解，ご協力をいただき，誠にありがとうございました。来年度も大穴小学校の子供たちのために教職員一同，全力で教育活動を行ってまいります。今後ともよろしくお願いいたします。

学校だよりを発行する際の留意点

①個人情報に注意を払う

　学校だよりをホームページにアップしている学校も多いようです（印刷して配付せずメールでホームページに掲載したという配信をするのみという学校も増えているようです。たしかに業務改善にはなりそうですが，私は「お手紙」として配付したい派です）。ホームページにアップする場合，イラストの著作権に気をつけなければなりません。ネット上のイラストを使うこともあるかと思いますが，「使用無料（フリー）」となっていても，使用条件が定められているものもあって，許可なく使用しネット上にのせたことで賠償金を請求されるということもあるようです。気をつけていかないとなりません。子供の個人情報にも気を配りましょう。学校だよりに名前や顔，作品を掲載してよいか，年度はじめに予め承諾をとっておき，承諾されていない子が掲載されないよう注意を払う必要があります。ホームページは校内だけの閲覧にとどまらないので，承諾の際，ホームページにものせることを明記しておく必要があります。

②地域住民にも伝わる

　学校だよりは地域住民にも配付していることと思います。町内会長から町内各家庭に回覧板が回る，公民館や児童ホームに掲示される，ホームページを見るなど，学校の保護者でなくとも目に入るのです。「この間の学校だより読んだよ。学校もがんばっているねえ」と近所の方に声をかけられたこともあります。ときどきは地域の方との関わりを話題にしたり，協力していただいたことへの感謝の言葉を掲載したりすることが大切です。これからはコミュニティ・スクールが全国的に広がり地域の方のご協力あっての学校となっていくと思われます。その一番のパイプ役が学校長による学校だよりなのです。読み手に地域の方もいることを意識して発行していくことが大事です。

02 職員室だより

教職員全員が一堂に会するのは週に1回程度。
なかなか校長の思いを伝える機会がありません。
ですから，伝えたいことは文書にします。
読んでくれることを期待して。

思ったことを徒然に

本を読んだり，テレビを見たりして，「このことは教職員のみなさんに伝えたい」と思ったことはメモしておき，職員室だよりに書きます。また，本の紹介やセミナーの紹介，研修で聞いたこと，子供たちの様子，行事や授業を見て思ったことなどを書き綴ります。

裏も有効に

裏面には，新聞記事や教育雑誌などから得た情報を掲載します。不祥事の記事，いじめや虐待事案，新しい教育施策，季節の話題など，その時々に合ったものを選びます。

タイトルは「前進」にしました。コロナ禍から少しでも前に進みたいという意図があるからです。サブタイトルは「～Next Destination（次なる目的地へ）」。木村拓哉のセカンドアルバムのタイトルからいただきました。

前進〜Next Destination（次なる目的地へ）

指示・命令が多いと育つものが育たない

　一昨日のことです。朝のパトロールから戻ってきて，始業前に校庭で遊んでいる子たちを見ていました。しばらくすると，雨がパラパラ降ってきました。多くの子たちが一斉に走って昇降口に向かってきました。

> Aさん「雨が降っているのに遊んでいたら，先生に怒られるよ！」

と，タイヤで遊んでいる子を促すと，揃って昇降口へやってきました。

> Bくん「校長先生，まだ向こうで遊んでいる子がいます。いいんですか？」

と，私に聞いてきました。私は「自分でまだ大丈夫と思って遊んでいるのでしょう。もっと降ってきたら戻ってくるんじゃないかな」と答えました。

Bくん　「え！　じゃあ遊んでいてもいいんですか？」
私　　　「自分でいいと決めたならいいですよ」

　Bくんはびっくりしたようでしたが，雨の中を遊びに行きました。
　Aさんのように，行動の基準が先生に叱られるから，ほめられるからというのでは，「自分で考え判断する力」はつきませんね。Bくんが，これくらいの雨なら遊べると判断した結果，すごく濡れてしまったり，風邪をひいてしまったりしたら，今度はどのくらいの雨までなら大丈夫か，自分で考えられるようになります。（ちょっと荒療治かもしれません。今時の保護者は，「そんなときに遊ばせないでください！」と言うかもしれませんね）
　体験を通して自分で考え判断する力が，これからを生きていく子供たちには必要です。何でもきまりやルールにしたり，型にはめようと指示を出して行動を統制したりすることは，教師にとっては都合がよいかもしれませんが，子供たちの多くの学びの場をうばっているかもしれないのです。

前進〜Next Destination（次なる目的地へ）

掃除を早く終わらせたら損？？？

　連休中にテレビを見ていたら，こんなタイトルで話し合っている場面にでくわしました。早く掃除を終わらせてしまうと，「もっとちゃんとやりなさい」と怒られたり，「じゃあ，ここもやって」と頼まれたりして，損をする。だから，のんびり時間をつぶしながら，ぼちぼちやる方が得だという話をしていました。
　私が担任だったら，これを題材に，教室で「この話，どう思う？」と話し合いを行いたいですね。

　海外では，労働を罰則とする価値観もあるようですが，日本は労働を罰則とは考えません。働く＝端（はた）楽（らく）（周りを楽しいものにする）と考えられています。場を清めることは，周りの人を気持ちよくさせるという奉仕の心を育てる。自分で汚した場所は自分で清める。そういう「心の教育」として，日本では学校教育の中に位置づけられているのです。掃除は心もきれいにしてくれるものと教えていると思います。（外国の学校では掃除を業者に委託しているところが多いとか）

　子供たちに問いかけたら，きっと，
　「早く終わったら，汚いところを見つけて掃除するといい」
　「遅いところを手伝ってあげるといいのでは」
みたいな考えが出されるのではないでしょうか。
　こういうことを，先生から言うのではなく，子供たちに出させるのがミソなのです。先生に言われたからやるのではなく，子供たちが出した考えにしていく。
　そのための発問を考えるのが，教師の技。

　掃除に関してなら，「どうして黙働がいいのか」とか「そもそもどうして掃除をするのか」とか「掃除をしないとどうなるのか」などを話し合わせるといいでしょう。
　かつて私は，「そんなに掃除をいやいややるのなら，やらなくていい」と言い，１週間ごみだらけにしておいて，子供に「掃除やらせてください」と言わせたこともあります。（昭和ですねえ。よい子の先生方はまねしないでください）

前進～Next Destination（次なる目的地へ）

母の日を考える

　昨日は，「母の日」でした。みなさんはどうされましたか？

　私は担任のとき，「母の日は必要か？」という問いを子供たちに投げかけたことがあります。最初は，「そりゃあ，必要でしょ」という話が出てきますが，
「本当に？」
と問いかけると，子供たちはまた考えます。
「いつも感謝している人には必要ないのかも」
「いつも感謝できていない人には必要」
という話になり，極めつきは，
「カーネーションを買うのは，今まで感謝が足りなくてごめんなさいの気持ちがあるのかも」
「そっか，懺悔なんじゃない」
となって，いやいやそこまで考えすぎない方がいいよというオチに至りました。

　というわけで，今年，私は義母にカーネーションをあげなかったのですが，
「いいよいいよ高いんだから。明日なら，安くなってるかもね」
と言われ，ああ，やっぱり買ってあげればよかったと後悔した次第です。

　折しも，昨日「母の日」に知り合いのお母様のお通夜が営まれました。
　大穴地区の民生委員をやってくださっていた方です。
　66歳。若くして亡くなられたのです。
「親孝行しようと思ったときに親はなし」とならないように，普段から感謝の気持ちをもって接したいものですね。私の実の母は，59歳で亡くなっています。親孝行をもっとしておけばよかった……。

　子供たちにしゃべらせるには，「本当に？」「それで？」「どうしたいの？」「どうすればよかったと思う？」「なぜそう思う？」「そうかな？」「で？」……みたいにオープンクエスチョンで問いかけるといいです。発想豊かに話す子供から学ぶことはとても多いですよ。
　今日，懺悔のカーネーションを買って帰ろう。

前進〜Next Destination（次なる目的地へ）

運動会　おつかれさまでした

　連日の準備，練習，そして本番，片づけまで，本当におつかれさまでした。晴天に恵まれたのも，先生方の日頃の行いのおかげだと思っています。ありがとうございました。感動できる我々の仕事，そこに至るまでは大変ですが，感動というごほうびが待っていますね。いい仕事だなあと，私は常々思っています。

　子供たちは行事を通して成長しますね。全力を尽くして走る姿，精一杯演技する姿に感動しました。その前に，応援団長2人のマスクを外した熱い視線と大きな声に，もうすでに涙腺がゆるんでいました。どんな力がついたのか，自覚させることも大切だと思います。運動会での学びが日常にも生かされますよう，よろしくお願いいたします。

いよいよ　6月！

　大きな行事が終わった後は，目標がなくなることもあり，ちょっと気がゆるみがちです。6月は，気候もじめじめすることから，いろいろな問題が起こりがちな時期です。教室を整え，落ちついた生活を送れますように。また，授業の質を高めるよい時期だと思います。暑くなりますが，先生方も体調に気を配りながら，夏休みまでがんばってまいりましょう。

　6・7月に授業を拝見させていただこうと思っています。私に気づいても，そこは先生も子供も挨拶なしで，授業を進めてくださいね。目標申告とあわせて見てみたいと思います。

　そして，以下の様子が見られたらいいと思っています。

①一人ひとりを大切にしている
②子供の「？」を引き出し，「！」（わかった，できた）を体験させている
③「話す」「聞く」活動が取り入れられている

　週案を見て，予めうかがう授業をお伝えしたいと思います。よろしくお願いします。

前進～Next Destination（次なる目的地へ）

忘れ物指導

　「忘れ物を絶対にしない」という先生はいますか？
　忘れ物が多い私は，「忘れ物をするな」という指導はできませんでした。
　子供の中には，うっかり忘れる子もいれば，家庭の事情で持ってこられない子もいるのです。私は，忘れ物のないクラスにするより，忘れ物をしたら自分で対応できる子，忘れた子を助けてあげられるクラスをつくることが大事だと思います。これから生きていくうちに，何度も「忘れ物」にでくわすことがあるからです。

　まずは，忘れ物をしたことで本人が困るということを体験させます。
　（ここで，担任のやさしさから，何でもすぐに貸してあげるというのでは，子供は育ちません）
　自分で忘れたことを報告に来させます。
　「○○を忘れました」
　「それで？」と聞きます。
　「なので，この時間は他の勉強をしています。家で仕上げてきます」とか，
　「となりの人に言って見せてもらいます」とか，
　「（貸し出しグッズを用意してあれば）先生，貸してください」とか……。

　忘れたことを黙っていて，何も手立てを講じず，何もしないでいるときは厳しく指導します。自分の行動に責任をもっていないからです。（個人差は考慮）

　忘れ物をすると自分が困るだけでなく，他の人にも迷惑がかかることもありますね。そういうときこそ，クラスの力を高めるチャンスです。貸してあげたり，あげたり（折り紙とか半紙とか，返せるものは後で返そうとか，違う形でお礼の気持ちを伝えようとかの礼儀も教えましょう），みんなで我慢したり，でもその子を責めないとか。いろいろな学びがあります。

　クラス会議で「忘れ物が少ないクラスにするためにはどうしたらいいか」を話し合うのもおすすめです。自分たちで考えれば，自分から行動できるはずです。

前進～Next Destination（次なる目的地へ）

「宿題」「ドリル」について考えたい

　7月25日の希望研修で最後に話題にあがったのが「宿題」についてでした。

・宿題が嫌で学校に行きたくないと言う子がいるなら本末転倒
・「くり返しドリル」はできる子には苦痛，逆にわからない子にも苦痛，保護者も苦痛
・宿題をたくさん出してほしいという保護者もいれば，宿題が多いという方もいる
・その子に合った宿題＝自学帳がいいのではないか，でも出さない子にはどうするか

　あの後，Facebookで広く意見を求めたところ，

・宿題（みんな同じものを与えられる）ではなく，家庭学習（自分のための学習）としたらいい
・同じものを出すなら，わからない子は仕上げなくてもよい。わからないところは翌日に個別指導する。それが課したものの責任

という意見をいただきました。

　宿題は「学習習慣」や「学力向上」のためといいますが，本当に効果があるのか……。
　本当に学力を身につけるなら，〇つけはすぐに自分でやって，できなかったところを答えや解説を見ながら自ら学ばなければなりませんよね。そういう習慣ならつけさせたいと思います。そうなれば，わかっていることは時間の無駄だからやりませんよね。（ご自身の受験勉強を思い出してください）

　そもそも「くり返しドリル」となっているけれど，何度も繰り返しやっているか，やる意味があるか。最近は「らくらくノート」なるものが出回っていて，ノート指導は楽かもしれないけれど，子供にノートの使い方能力は身につかないな……など，ドリルだけでもいろいろ是非を問いたいことがたくさんあります。

　みんなで意見を出し合って，「子供の将来のために」という視点で考えたい話題です。何かご意見がありましたら，ぜひお伝えください。

前進～Next Destination（次なる目的地へ）

学びは楽しい

　「クラス会議の理論と実践」「自己肯定感を育む授業」「聞こえる世界と聞こえない世界」と，研修を積んできました。どの学びも心に響くものがありましたね。学ぶことって楽しくありませんか？
　講師のみなさんが口を揃えておっしゃることがあります。それは，「先生方の雰囲気がすごくいいですね」ということ。私は，具体的にどのようなところからそう感じるのか聞き返しました。すると，

・身を乗り出すように聞いてくれる
・問いに対し，一所懸命に考え，挙手したりつぶやいたりして，反応がいい
・質疑応答で挙手がある
・表情がよく，うなずきながら聞いてくれる
・先生たちの仲がよい
・片づけなど，みんながさっと動いている

などなど，答えが返ってきました。うれしいことです

　研修で学んだことはそのままにしていると，だんだん記憶が薄れてしまいます。私は，ノートにメモしたことで特に大事だと思うところを別のノートに書いておいたり，Facebook に感想を書きとめておいたりしています。
　あとは，実践ですね。クラス会議をさっそく行った学級がありました。「鉄は熱いうちに打て」といいます。私の行った希望研修「学級経営の小ネタ小技」も子供たちがきたら試してみてください。
　ただし，人はみなそれぞれ持ち味や性格があり，学級もまた個性がありますから，習ったことをまったく同じように使えるとは限りません。やってみて，自分や学級に合うようにアレンジする必要がありますし，ときには使えないということもあります。そのさじ加減も実践してみてなんぼです。

　今後も，いろいろな学びを企画していこうと思います。こんな内容の話が聞きたいというものがあったらお寄せください。（感想の中に，「７つの習慣」についてもっと知りたいという記述がいくつかありました。希望者が何人か集まれば，また渡邉先生をお呼びする予定です）

前進〜Next Destination（次なる目的地へ）

リ・スタート

　休み明け，クラスはいかがでしたか？　再スタートに向けて，５つのことをお願いします。

①子供たちが元気に戻ってきたことを歓迎してあげましょう
②１日のルーティンを再確認しましょう
③やり方を変えるなら，一気に早い時期にしましょう
④一人ひとりの変化に気づきましょう
⑤子供同士の関係性の変化をチェックしましょう

スマートフォンを正しく

　グループ LINE に参加してくださり，ありがとうございます。個人のものを公的に使っていただくのは申し訳ないと思っています。
　みなさんも全体に伝えたいことがあったら活用してください。

　携帯を教室に持ち込まないよう指導する管理職もいるかと思いますが，使い方を間違わなければ，特に危機管理上，便利なものだと思っています。

　教室での間違った使い方とは，
・業務中に私的，個人的なことで使用する
・ＳＮＳ等へ投稿する
・保護者や児童とつながる　　　　　　　　など

　正しい使い方とは，
・事故，事件（不審者など）の管理職への迅速な連絡
・救急搬送要請（緊急を要する場合は，管理職の許可がなくとも OK）
・脱走などがあって，教室をあける場合，補教の緊急のお願い
※教室で調べものをするなら，できるだけ iPad を使う
　どうしても自分の携帯を使うなら，子供たちに何をするか言ってから。「じゃあ，先生が〇〇について調べてみるね」とか。黙って使っていると不信感をもたせてしまう恐れがあります。

前進～Next Destination（次なる目的地へ）

のりしろ仕事

　私は『致知』という月刊誌（店頭では売っていない）を毎月，ここ20年間購読しています。（あ，忙しくて読んでいない号も多々あります（汗））
　最新の10月号にこんな一文がありました。

　私の仕事ではない。
　あなたの仕事でもない。
　誰の仕事でもない仕事が放置されている組織は，
　そこから腐敗する。

内田　樹（神戸女学院大学名誉教授）

　夏休みに，職員室の棚や冷蔵庫をはじめ，廊下や準備室などを自主的に片づけてくださった先生方がいらっしゃいました。ありがとうございました。
　また，朝早くに出勤し，陸上の練習に協力してくださっている先生方，ありがとうございます。
　他にも，私の気づかないところで「誰の仕事でもない仕事」をやってくださっている方がいるに違いありません。ありがとうございます。

　私は「誰の仕事でもない仕事」を，「のりしろ仕事」だと思っています。1人ずつ分掌というのはあるのだけれど，その分掌に明記されていない仕事というのが必ず存在しています。
　「それは私の仕事ではない」とみんなが思ってしまうと，「のりしろ」がなくなって，それぞれの仕事がバラバラになり，組織がまとまらなくなってしまうのだと思います。
　大穴小学校の教職員集団は，のりしろ部分がしっかりと存在していて，1枚の大きなパッチワークになっているなと感じています。みなさんの「のりしろ仕事」にいつも感謝しています。
　ありがとうございます。

　子供たちの中にも給食当番や掃除分担があると思いますが，役割を超えて「のりしろ仕事」ができる子になってほしいですね。
　「ぼくは，おかずの係だから，他はやりません」
　「私はほうきなので，もう仕事は終わりました」というようなことがなくなり，気づいた仕事を自主的に行える学級を目指してほしいと思います。最近，3年生，5年生の子が「一所懸命」に落ち葉掃きを進んでやってくれています。人のために自主的に動く姿って素敵ですね。ありがとうございます。

03 校長だより

行事などで児童に話したこと，祝日や季節の風物詩などを文字にして子供たちに届けたいと思いました。
教室に1枚配付し，ホームページにも掲載し保護者にも読んでもらいたいと思います。

行事ごとの「校長先生の話」

　話をするときには読み原稿を書きます（実際には読みません。だいたい覚えておいて見ないで話すのです）。それを「校長だより」として書き換えてしまえばよいのですから，そんなに手間はかかりません。

　1年生から6年生まで幅が広いので，だいたい中学年くらいがわかるような話を目安にしています。文書は，総ルビ。教室に掲示してもらっています。貼る前に担任が一読してくれたり，解説してくれたりしたらいいなと思っています。

祝日の意味・季節ごとの風物詩

　祝日の意味を考えて過ごしてほしい，日本人の風習を忘れないでほしいと思い，祝日や○○の日の前日までに配付しています。

　タイトルは「若葉」です。校庭の桜の木に青々と茂る若葉は，来年の春に花を咲かせるためになくてはならないもの。子供たちも来年の春にまた素敵な花を咲かせてほしいという願いを込めて「若葉」としました。

若葉

校庭の桜は若葉になりました。来年また素敵な花を咲かせるために。
大穴っ子たちも来年の春にまた素敵な花を咲かせてほしいと思い，タイトルを「若葉」にしました。

入学式での話　3つの大事なこと

　5年生，6年生のみなさん，入学式の会場づくりや片づけをありがとうございました。これからも，学校のリーダーとしての活躍を期待しています。

　入学式で話した3つの大事なことは，大穴っ子みんなに伝えたいことです。

　1つ目は，「自分のことは自分でできるようになりましょう」ということです。洋服のお着替えや，お勉強の準備，お片づけやおトイレもそうです。最初は難しくても，だんだんできるようになります。それが成長です。がんばりましょうね。

　2つ目は，それでもどうしてもできないことや，困ったことがあったとき，「先生やお友達に助けを求めましょう」ということです。「わからないよ～え～んえ～ん」と泣いているばかりでは困りますね。先生やお友達に「おしえて」「てつだって」と言えることが大事ですね。

　3つ目は，「おしえて」「てつだって」と「助けをもとめてきた友達がいたら，助けてあげましょう」ということです。学校はみんなで仲良く過ごす場所です。悲しい思いをしている友達が一人もいなかったら，楽しく過ごせますね。

　みんなで助け合って，楽しい大穴小学校にしていきましょう。

若葉

避難訓練「練習は本番のように　本番は練習のように」

　今日は大きな地震が起きて，校舎内にいるのが危険だということで校庭に避難しました。

　新しい教室になって，どこから避難して，どこに並ぶのかわかりましたね。

　避難の様子を見ていると，素早く黙って真剣に避難しているお友達がたくさんいました。自分はどうでしたか？

　「練習は本番のように　本番は練習のように」という言葉があります。

　訓練に真剣に取り組まないと，本当に地震が起きたときに訓練のようにできないのです。

　大地震が起きると，怖くなって大声を出してしまったり，泣いてしまったりすることが考えられますが，慌てず落ちついて今日の訓練のことを思い出してください。

　この頃，地震が多いですね。教室で授業を受けているときだけでなく，外でバラバラに活動しているとき，登校下校中や掃除のとき，トイレにいるときにも地震が起きることが十分に考えられます。そういうときは，自分でどうしたらいいか考えなくてはなりません。自分の命を自分で守るために，ふだんから，考えておくといいですね。いろいろな場面を想定して，担任の先生と考えてみてください。

若葉

やすらけき世を祈りしも　いまだならず
くやしくもあるか　きざしみゆれど
（昭和天皇辞世の御歌）

祝日の意味を考えて過ごそう

　ゴールデンウィークがやってきます。楽しみですね。でも，忘れないでくださいね。祝日には，ちゃんと意味があるのです。「今日は何の日なのかな」「どういうふうに過ごすといいのかな」と考えながら過ごしてほしいと思います。季節を感じたり日本の伝統文化を体験したりしてください。高学年なら日本の歴史がわかりますよ。

【４月29日　昭和の日】昭和天皇の誕生日
「激動の日々を経て，復興を遂げた昭和の時代を顧み，国の将来に思いをいたす日」

　日本は戦争の後，経済，産業などでめざましく立ち直り，先進国といわれるまでになりました。戦争で生き残った人々が，戦争で亡くなった人の分もがんばり，日本を立ち直らせようと必死で勉強し，懸命に働いたからです。その結果，日本は自動車やパソコン，カメラなど世界に誇れるものを生み出しました。
　時の昭和天皇が，国民のことを思い，日本を見守り続けてくださったからこそ，戦後復帰をなし得たといえます。時は令和になりましたが，昭和天皇の誕生日である４月29日を，昭和のよき日本を忘れないようにしようと，「昭和の日」にしたのです。そして，日本をさらによい国にしていくのは，これからの日本を担う子供たちです。日本の将来をよろしくお願いしますね。

若葉

1年生を迎える会

　今日はちょっと寒い日でしたが，校長先生は心がとてもあたたかくなりました。

　それは，みんながあたたかい気持ちで1年生をお迎えできたからです。

　2年生は残念ながら「ようこそまほうのくにへ」というダンスを披露することができませんでしたが，後日，1年生に見せてくれるので楽しみにしていてください。

　3年生のプレゼントは，丁寧に心をこめてつくられていました。

　4年生の花道は，1年生を楽しい気持ちにさせてくれました。

　5年生のクイズは，1年生にぴったり合ったものが考えられていました。

　6年生のゲームは，全校児童を一緒に楽しませてくれました。

　児童会のみなさん，スムーズな会の運営をありがとうございました。

　1年生のみなさん，素敵なお兄さんお姉さんがいてくれてうれしいですね。

　1年生の歌とふりつけも，じょうずでしたよ。よく練習しましたね。

　これから1年生から6年生まで，427人の兄弟姉妹だと思って過ごしていきましょう。学校は大きな家族です。先生たちは，お父さんお母さんの役目。子供たちが一人残らず幸せに生活できることを願っています。

　今日は，大穴小学校のみんなの気持ちが1つになった素敵な会でした。

　ありがとう！　さあ次はみんなで運動会にむけて，がんばりましょう！

若葉

5月の全校朝会　自分のいいところをさがそう

　今日は『ええところ』という絵本を紹介しました。

　あいちゃんは自分にええところがないって悩んでいます。ともちゃんが「あいちゃんのええところは手があったかいところ」と教えてくれます。あいちゃんはみんなの手をあたためてあげました。そうしたら手がつめたくなってしまい、「ええところなくなっちゃった」とあいちゃんは泣きます。ともちゃんは「あいちゃんのもっとええところみつけたよ。自分の手がつめたくなるまでみんなの手をあたためてあげた、みんなにやさしいのがあいちゃんええところや」って言ってくれました。あいちゃんは「わたしのええところをいっしょけんめいかんがえてくれたともちゃんがいちばんやさしい」って思います。最後にあいちゃんは、ともちゃんみたいに友達のええところをいっぱいみつけて教えてあげるんだって決めました。

　みんなも自分のいいところ、お友達のいいところをたくさんみつけてくださいね。さて、校長先生からの宿題です。このあと自分のいいところを5つ書いて校長室に届けてください。いいところがたくさんある人は、なるべくみんなとちがったいいところを教えてください。みつからない人はゆっくり考えてからでいいです。友達や先生、おうちの人に聞いてもいいです。書けたら、一人ひとり校長室に持ってきてください。一人ひとりに会いたいからです。校長室で待っています！

若葉

笹はボランティアの鈴木さんが切ってくれました。
職員室で先生たちも願いごとを書いています。

七夕〜願いを書くとかなうようになる〜

7月7日は七夕です。彦星さま（わし座のアルタイル）と織姫さま（こと座のベガ）が年に一度この日だけ，夜空に輝く天の川（星の集まり）を渡って会えるのです。空が曇っていたり，雨が降っていたりすると会えないんですって。残念ですね。今年は天の川が見られるでしょうか。

七夕には笹に飾りをつけ，願いごとを短冊に書きます。願いごとは，紙に書くことでかなうようになるようです。なぜでしょう？　それは，書くことで脳に潜在意識として残り，そのチャンスを逃さずキャッチするようになるからだそうです。

校長先生は，「大穴小学校のみんなが一人残らず幸せになりますように」と願いました。もしも，今，「ちょっとつらいな」「こまっているよ」という人がいたら，いつでも相談にのります。気軽に校長室に話しにきてくださいね。

夏休みにやりたい20のこと　充実した夏休みを！

もう少しで夏休みです。42日間の夏休みは，ふだんやろうと思っていて，なかなかできないことをやるチャンスです。今から夏休みにやりたいことを考えてみましょう。私は，夏休み前にいつも「夏休みにやりたい20のこと」を書き出しています。裏に今年やりたいことを載せておきます。みんなもよかったらやってみませんか？　きっと充実した夏休みになると思います。

若葉

7月の全校朝会

　明日から42日間の夏休みですね。夏休みにやってみたいことを考えていますか？　私は，みなさんに「〇〇博士」を目指してほしいと思います。例えば，「虫博士」といったら，虫のことを詳しく知っている人のこと。「星博士」といったら，星のことを詳しく知っている人のことです。

　土曜日の夕方に「博士ちゃん」という番組をテレビでやっているのを知っていますか？　そこには，信号機のことなら大人も知らないようなことを調べている子が登場します。他にも，お城のこと，野菜のこと，調味料のこと，世界遺産のこと，宝石のこと，無人駅のこと，昭和時代の家電のことなど，本やインターネットで調べたり，実際にでかけて行って見学したり，専門の方にインタビューしたりして，大人顔負けの研究をしている子が登場します。

　みなさんも，自分の好きなことや得意なことがあるでしょう。長い夏休みですから時間はたっぷりあります。何か１つ決めて，「〇〇博士」を目指し，これだけは他の人に負けないぞと自信をもって言えるものをつくってほしいと思います。

　最後にお願いです。充分な睡眠，バランスのよい食事，そして適度な運動。この３つが「免疫力」と「体力」をつくり，新型コロナウイルス感染症や熱中症を防ぐ力になります。睡眠，食事，運動を忘れずに，また元気に９月に会いましょう。

若葉

9月の全校朝会　掃除に一所懸命に取り組もう

　「学びの森」に書いた「真剣に」という言葉と似ている言葉に「一所懸命」という言葉があります。昔，武士たちは自分たちの住んでいる家や田畑を命がけで守ろうとしていました。そこから生まれた言葉が「一所懸命」なのです。

　「一所」は，1つの場所，つまり自分たちの場所や自分たちの生活のこと。

　「懸命」は，命を懸ける，それくらい真剣に行うということ。

　みなさんの生活に当てはめてみると，「人の話を聞くこと」「本を読むこと」「勉強をすること」「掃除をすること」など，学校で行うことがすべて「一所」です。そして，そのときそのときに真剣に全力で取り組むことが「一所懸命」なのです。

　「一所」の中でもまずは身近なところから，校長先生は「掃除」に真剣に取り組んでもらいたいと思っています。

　実は，外国の学校では子供たちは掃除をしないそうですよ。よその会社に掃除を頼むのだそうです。日本は，子供たちが自分たちの学校を掃除します。

　そこで，今日の校長先生からの課題です。

　「自分たちで掃除をすると，どんないいことがあるのか？」

　「どうしたら一所懸命に掃除ができるか？」

　クラスで話し合ったことを校長室に届けてくださいね。

若葉

９月１０日（土）　中秋の名月

　　秋はお月様がとてもきれいに見える季節です。特に１年で最も月が美しいといわれる中秋の名月は「十五夜」と呼ばれ，今年は９月１０日（土）になります。

　　ぜひ，夜に空を見てくださいね。雨や曇りでないことを祈ります。もちろん，１０日の前後でも，美しい月が見られますよ。

　　十五夜の日は，お団子やすすき，お芋や栗，果物などをお供えしてお月見をするのが古くからの日本の風習です。平安時代の貴族が，月を愛でながらその風情を楽しむ観月の宴をしたのが始まりだといわれています。

　　お月見団子は，地域差があるようです。関東地方は丸い団子を15個積んで供えることが多いのですが，場所によってはひらべったい団子や串にさした団子などもあるようです。

　　校長室の前に，すすき，菊，けいとう，りんどうの花を供えました。時間があったら，見に来てくださいね。すすきが生えているところを探しています。知っていたら教えてください。（お団子は，紙粘土でつくろうかなと思っています）

【おしらせ】
　　６年生が毎朝，陸上の練習をしています。みなさん，応援をよろしくお願いします。そして，いつも６年生が行っていた落ち葉掃きや草取りを，５年生が学校のために進んで行ってくれています。ありがたいですね。
　　５年生・６年生は，立派な学校のリーダーですね。下の子たちのよいお手本です。ありがとうございます。

若葉

祝日の意味を考えて過ごそう
【９月23日　秋分の日】
「祖先を敬い，亡くなった人々をしのぶ日」

　「秋分」は昼と夜の長さがほぼ同じになる日で，お彼岸の中日にあたります。「暑さ寒さも彼岸まで」という言葉があるように，季節が夏から秋に移り変わる時期でもあります。お彼岸には，ご先祖様を供養して，お墓参りをする風習があります。なぜなら，西の方角に彼岸（あの世）があるとされているので，太陽が真東から昇り真西に沈む秋分は，ご先祖様とつながることができる日とされているからなのです。（春には春分の日があり，同じくお彼岸となっています）

　お墓参りにはなかなか行けないという場合は，ご先祖様に感謝して手を合わせるだけでもいいのです。みなさんにはたくさんのご先祖様がいるから，今，この世で生きているのですよ。お父さんお母さんはおじいさんおばあさんから命のバトンをもらい，おじいさんおばあさんはひいおじいさんひいおばあさんから命のバトンをもらい……というように命はつながっているのです。

　お彼岸には，おはぎをお供えしたり，食べたりする風習もありますよ。（秋の彼岸は「おはぎ」，春の彼岸は「ぼたもち」といいます。萩は秋の花，牡丹は春の花だからです。おはぎは「つぶあん」，ぼたもちは「こしあん」のようです）

【著者紹介】

藤木　美智代（ふじき　みちよ）

1964年生まれ。千葉県公立小学校教諭を経て2017年度より教頭職，2022年度より校長職に就任。「学ばざる者，教えるべからず」をモットーに，学校経営や学級経営，学習指導について日々追究している。

著書に『おやこで話そう７つの習慣kids　第３の習慣　大切なことから今すぐ先に』（キングベアー出版），『女性管理職という生き方』（学事出版），共著に『女性教師だからこその教育がある！』（学事出版），『教職１年目の働き方大全』『教職１年目の即戦力化大全』『教職１年目の学級づくり大全』『教職１年目の授業づくり大全』『小学２年　学級経営ペディア』『どの子も輝く！　通知表の書き方＆所見文例集　小学校低学年』（以上，明治図書）等がある。

校長の実務マニュアル　フジキ先生の仕事術

2023年３月初版第１刷刊　Ⓒ著　者　藤　木　美　智　代
発行者　藤　原　光　政
発行所　明治図書出版株式会社
http://www.meijitosho.co.jp
（企画）茅野　現（校正）嵯峨裕子
〒114-0023　東京都北区滝野川7-46-1
振替00160-5-151318　電話03（5907）6702
ご注文窓口　電話03（5907）6668

＊検印省略　　　　組版所　藤　原　印　刷　株　式　会　社

Printed in Japan
ISBN978-4-18-195915-9
もれなくクーポンがもらえる！読者アンケートはこちらから→